# 大学生管理工作创新研究

韩 亮 王小娟 黄 微 ◎ 著

吉林出版集团股份有限公司

**图书在版编目（CIP）数据**

大学生管理工作创新研究 / 韩亮，王小娟，黄微著
. — 长春：吉林出版集团股份有限公司，2023.7
ISBN 978-7-5731-3990-0

Ⅰ. ①大…　Ⅱ. ①韩…②王…③黄…　Ⅲ. ①大学生
—学校管理—研究　Ⅳ. ①G647

中国国家版本馆 CIP 数据核字（2023）第 142202 号

大学生管理工作创新研究

DAXUESHENG GUANLI GONGZUO CHUANGXIN YANJIU

| | |
|---|---|
| 著　　者 | 韩　亮　王小娟　黄　微 |
| 责任编辑 | 曲珊珊 |
| 封面设计 | 林　吉 |
| 开　　本 | 787mm×1092mm　　1/16 |
| 字　　数 | 221 千 |
| 印　　张 | 12 |
| 版　　次 | 2023 年 7 月第 1 版 |
| 印　　次 | 2024 年 1 月第 1 次印刷 |
| 出版发行 | 吉林出版集团股份有限公司 |
| 电　　话 | 总编办：010-63109269 |
| | 发行部：010-63109269 |
| 印　　刷 | 廊坊市广阳区九洲印刷厂 |

ISBN 978-7-5731-3990-0　　　　　　　　　　　　　定价：78.00 元

# 前　言

构建社会主义和谐社会已成为当今时代的最强音。作为社会知识精英的聚集阵地、社会人才的孵化培育基地、社会科学文化孕育传播重地的高校，在构建社会主义和谐社会的过程中具有举足轻重的作用。而高校学生管理工作对和谐校园建设的作用更是直接而重要的。

高校是培养人才的重要场所，高校学生管理工作直接影响着人才的培养质量，影响着高校和社会的稳定。高校学生管理工作法治化是高校推进依法治国、建设法治校园、实现高等教育现代化的重要举措。随着学生维权意识的不断增强，高校急需强化学生管理工作建设，提升治校能力，提高学生管理工作队伍的水平，增强学生的法律意识、底线意识，共同推进高校学生管理工作进程。

本书就大学生管理工作创新做出详细的分析，首先对大学生管理进行基础研究，然后对大学生工作管理理论进行分析，接着详细地探讨了大学生管理模式创新、大学生安全教育与危机应对工作管理创新、大学生奖励与资助工作管理创新以及高校学生思想政治管理与法治化管理路径，最后提出"互联网＋"时代大学生管理理念创新。

本书在撰写的过程中，参考和采用了大量相关书籍及资料，在此向有关专家和学者致以诚挚的谢意。另外，由于作者水平有限，本书难免存在不足之处，恳请广大读者批评指正。

韩亮　王小娟　黄微

2023 年 3 月

# 目　录

# 第一章　大学生管理研究

随着高等教育不断深化改革，我国高校的教学质量和水平都得到了很大的提升。然而，就现阶段来看，尽管我国高校的教学质量和办学规模等都有了很大的提升，也得到了社会公众的普遍认可，但其中仍存在如管理不完善等问题，这在某种程度上限制了高校的发展。这就要求高校的管理者及教职工能对这些问题进行充分的分析，探究问题产生的原因，进而有针对性地提出相关策略，切实有效地解决高校学生工作管理中存在的问题。

从现实层面看，一个良好有效的学生工作管理模式往往对高校发展的稳定性、校园氛围的和谐性等诸多方面有着重要的影响，各高校都应对学生工作管理给予足够的重视。然而受多种因素的影响，我国仍有一部分高校将工作重点放在专业课程设置、师资团队建设等方面，对学生工作管理依然没有给予足够的重视。高校应及时跟进了解每个学生的实际情况和性格特点，然后对学生的特性进行分类，以制定相应的管理策略，并适时调整学生工作管理机制。只有这样才能更好地管理学生，提高学生工作管理的效率。

# 第一节　研究背景

高校是杰出青年集中的地方，关心和爱护青年学生，为他们实现人生目标搭建舞台，是学生工作管理应有之义、应做之事。

贯彻落实党的二十大精神和全国、全区高校工作会议精神，要从多方面努力，要做好高校的教育工作、新生工作管理、就业与创业指导工作、安全教育与危机应对工作、奖励与资助工作、少数民族学生工作，等等；要吸取国内外高校学生事务管理的经验和教训，在现代化信息技术的基础上，全面开创高校学生工作管理新局面。

# 第二节　研究目的和意义

## 一、研究目的

当今世界正处在大发展、大变革、大调整时期，世界多极化、经济全球化深入发展，科技进步日新月异，人才竞争日趋激烈。我国正处在改革发展的关键阶段，经济建设、政治建设、文化建设、社会建设以及生态文明建设全面推进，工业化、信息化、城镇化、市场化、国际化深入发展，人口、资源、环境压力日益加大，经济发展方式加快转变，都凸显了提高国民素质、培养创新人才的重要性和紧迫性。中国未来发展、中华民族伟大复兴，关键靠人才，根本在教育。

《国家中长期教育改革和发展规划纲要（2010—2020 年）》指出，把改革创新作为教育发展的强大动力。教育要发展，根本靠改革。要以体制机制改革为重点，鼓励地方和学校大胆探索和试验，加快重要领域和关键环节改革步伐。创新人才培养体制、办学体制、教育管理体制，改革质量评价和考试招生制度，改革教学内容、方法、手段，建设现代学校制度。加快解决经济社会发展对高质量多样化人才需要与教育培养能力不足的矛盾、人民群众期盼良好教育与资源相对短缺的矛盾、增强教育活力与体制机制约束的矛盾，为教育事业持续健康发展提供强大动力。

在新形势下，经济全球化趋势、社会变革加剧、网络时代的冲击、学生群体特征的变化等都对当前学生工作管理造成了不小的影响。因此，积极探索新形势下高校学生工作管理的新视角、新思路、新举措，不断创新和改进学生工作管理，不断提升学生工作管理水平，促进人才培养工作，是本书研究的主要目的。

## 二、研究的意义

大学生是青年中的优秀分子，是十分宝贵的人才资源，他们的思想道德素质、科学文化素质和健康素质直接关系到党和国家的生死存亡，关系到中国特色社会主义事业的兴衰成败，关系到全面建设小康社会和中华民族伟大复兴的目标的实现。高校的学生工作管理在培养人才方面起着十分重要的作用，正确理解和把握高校学生工作管理，与时俱进地创新工作方法和模式，对于维护高校稳定发展、促进大学生的成长具有积极意义。

2012 年 3 月，教育部在《关于全面提高高等教育质量的若干意见》中明确提出了"坚持内涵式发展""完善人才培养质量标准体系""创新人才培养模式"等具体要求，为高校的改革和发展指明了方向。长期以来，各高校已经形成了较为固定的人才培养模式和学生管理方式。为了深入贯彻落实教育部《关于全面提高高等教育质量的若干意见》的精神，深化教育教学改革，全面提高教育质量，高等学校将在教学改革、学生工作管理等诸多方面做出改进和调整。高校培养目标的重新定位必然要求其学生工作、人事、后勤等方面密切配合，在不断调整中理顺工作机制。作为以育人为目的、服务于人才培养的高校学生工作管理，势必要在改革中发挥重要作用。因此，在实际工作中，学生工作管理创新显得尤为重要和迫切。学生工作管理队伍也需要相应地在调整中进行重组，重新进行事业定位，转换思路，投入新的工作领域。这不仅需要热情，更需要有创新的精神。只有创新才能有生命力，才能将热情转化为有效的斗志，开展扎实的工作，发挥实际作用。

# 第三节　新形势下加强高校学生工作管理的紧迫性

## 一、当前高校学生工作管理面临的新形势

加速度的对外开放、不可预测的市场生命力、多元化的思潮、炫目迷离的机遇、虚拟无边的网络、虚实错杂的信息……一切都处于高速的发展变化中，时刻冲击着传统的学生工作管理模式。随着世界政治多极化、经济全球化、文化多元化、信息网络化以及社会组织形式和生活方式的多样化等新形势的出现，高校学生工作管理面临着新的挑战。

### （一）社会发展的新变革

当前，我国正处在深刻的社会转型之中，国际国内形势复杂多变。这给高校学生工作管理带来的新形势主要有以下几点。

#### 1. 全球化趋势日益明显

现代科技的进步，尤其是空间信息技术的发展和普及，为全球化提供了超越时空的物质手段。由此，世界范围内各种联系不断加强，各民族、国家、地区之间交往的时空限制被极大弱化，全方位地沟通、联系已经逐步成为现实，各国家、地区间相互依存，共谋发展，优势互补，极大地推动了人类和社会的全面发展。

然而，全球化是一把双刃剑。在全球化进程中，民族文化、社会思潮

相互碰撞，对社会主义中国的文化建设既有积极的借鉴作用，又有不可避免的消极影响。大学生正处于思维活跃、求知意识旺盛的阶段，他们好奇心强、易于接受新事物，但辨别是非的能力不强，容易受不良信息的误导。

2. 中国社会主义市场经济体制日臻完善

中国特色社会主义市场经济体制的建立、发展和完善，使利益关系呈现多元化的趋向，过去许多传统的、相对单一的企业内部组织关系转化为不同主体之间的利益关系，反映到分配方式上，就是资本、技术、知识、管理等生产要素进入分配领域，呈现出利益分配的多种形式。这一切都对人们的思维方式、价值取向、行为习惯、情感模式等产生了巨大影响，人们思想活动的独立性、选择性、多变性和差异性日益增强，从而导致人们价值观念的嬗变。这有利于大学生树立自强意识、创新意识、成才意识和立业意识，但同时也带来了一些不容忽视的负面影响。

3. 文化思潮日益多元化

伴随全球化进程的加快，在现实社会中，文化提供给人们的将不再是单纯的色彩、固定的理念，而是丰富多彩的本土文化、外来文化和由多种文化融合而产生的混合文化共存的局面。世界上不同的地域、不同的国家、不同社会制度下的文化相互融合并共处于同一环境，使我国的文化结构呈现出色彩缤纷的多元化趋势。

文化多元化为人们提供了各得其所的选择，人们可以按照不同的文化趣味生活。热情奉献中夹杂着对个人利益的考虑，以身作则中存在着自由主义的倾向，以大局为重的主流下夹杂着个别本位主义思想的表现，都在一定程度上说明了社会上多元文化的并存与杂合。当代大学生作为最敏感的群体，最先感觉和接触多样性文化，这对他们的认识论和价值观的形成起到了潜移默化的作用。

4. 网络化生存方式带来新变革

互联网技术的高速发展，使地球变成了"地球村"，社会的生产、生活都紧密地联系起来，使人们能随时随地获得最新资讯。互联网是人们认识世界的一种新方式，也是人们改变世界的一种新方式。

网络可以使大学生开阔思维，也可以促进大学生观念的实时更新，对大学生的竞争意识和创新意识的激发具有重要作用；大学校园文化的新领域被开辟出来，形成了大学生新的文化范畴和文化精神。例如，BBS 讨论区、网上主题论坛等，都受到了大学生的青睐。高校思想政治教育者通过这些途径，使思想政治教育具有互动性和灵活性，从而在某种程度上实现了受教育者与教育者的平等对话。但是，网络的虚拟性带来的诸多不良影响也应该引起相关教育者的重视。

5. 教育法制化建设有效推进

随着法治理念的普及和个人权利意识的增强，原有的管理思想、管理模式、管理方法越来越不适应形势的变化和发展，使得高校管理的实践进程不可避免地出现新旧观念的碰撞、价值矛盾和权利的冲突。教育法律体系的进一步完善，是社会主义法制建设的要求，也是教育管理自身的要求。

在法制化建设过程中，不仅高校主体意识觉醒，大学生权利意识也有了很大的提高。他们不再是简单地服从于学校管理，他们的权利诉求不断高涨，他们需要从学校获得更多的自由和保护，而不仅仅是遵守学校的各种规章制度。当某些权利诉求不能获得公正、公平的处理、对待或者学生们认为没有获得应有的对待时，他们开始利用各种方式来维护自己的利益，甚至与母校对簿公堂，高校学生工作管理的权威性受到了前所未有的挑战。

### （二）高等教育改革的新趋势

1.高等教育的大众化进程

1998 年以前，我国高等教育在校生总规模为 300 多万人，实行的是精英教育。从 1999 年开始，我国高等教育大幅扩招，2018 年中国大学生在校人数达到 3700 万，位居世界第一；全国各类高校达到了 2852 所，位居世界第二，高等教育驶入了大众化的快车道。

高等教育大众化使得接受高等教育的人数激增，越来越多的学生有机会接受高等教育，满足了其接受高等教育的要求。但是学生人数的激增，导致高校师资紧张，教学设施短缺，后勤服务以及管理工作跟不上，从而诱发学生与教师，学生与学生，学生与后勤管理、教务管理等部门的矛盾。另外，学生人数的激增也增加了高校学生工作管理的难度。从生源质量来看，相较于精英教育阶段，学生整体素质有所下降，个体差异较大，表现出自律性差、学习不主动等特征；从经济状况来看，高等教育大众化阶段，有更多的学生来源于贫困地区、边远地区、西部地区以及少数民族地区，学生之间的贫富差距加大；从家庭组成来看，更多的学生来自核心家庭，几乎都是 2000 年以后出生的，大多数属于独生子女一族。由于学生人数的剧增、素质状况的参差不齐，学生的学习、生活、活动方式，学校的教学组织、宿舍管理等都发生了变化，高校学生管理的载体也相应地发生了新变化。

2.学分制、弹性学制的施行

学分制是高等教育适应市场经济体制、适应社会需要的教学管理模式。学分制基于个体差异，允许学生从自身的基础、能力、兴趣出发，跨专业、跨学科选课，强调学生个性的培养，拓宽了学生学习的时间和空间，增强了学生自主选择的可能，发挥了学生的自主学习能力，凸显了学生的主体地位。这一方面有利于培养学生自我教育的意识和创新能力；另一方面，也符合时代发展对培养新型人才的要求。

学分制取消了传统的班级单位制，以班（年）级为核心、以"校、系、班"为纵向管理框架的学生工作管理模式的成功经验和做法，正在逐渐丧失优势。在学生自主、自由空间增大的情况下，学生工作管理系统如何建立相应的教育、管理、引导机制，既能保证加强学生的管理，又能促进学生个性的发展，成为当前必须解决的问题。

3.高校后勤社会化改革

高校后勤社会化是高等教育领域的一项重大改革，是高等教育发展的必然要求。后勤社会化提高了学生生活和学习环境的质量，使学生学会面对市场经济进行思考，能近距离地与社会接触，体验到竞争的激烈和残酷；通过勤工助学和志愿服务等劳动实践，养成勤劳俭朴、吃苦耐劳的品格，培养自我控制、自我管理和自我服务的能力。

但是，高校后勤社会化改革将学校与社会紧密联系起来，引发了一系列的矛盾。由于学校、后勤服务单位及社会有关方面等主体追求目标不同，不可避免地带来价值取向、管理理念的碰撞，从而削弱了学生工作管理的力度。另外，后勤社会化将管理者与被管理者的关系由原来学校与学生的关系,转为经营者与消费者的契约关系,由于没有形成完善的整体调控制度,出现管理上的空白也不足为奇。

### (三) 大学生成长的新特点

当前,我国高校大学生大多都是 21 世纪出生的,与 20 世纪 90 年代出生的大学生相比具有鲜明的新特点,这给高校学生工作管理带来了新的问题。

1. 全球化意识和接受外来文化意识增强

随着信息全球化趋势的不断加强,大学生的思想也呈国际化发展的趋势。按照国际通用人才标准,大学生应培养自己参与国际经济文化交流、合作和竞争的素质与能力,提高个人对知识经济的认识,注重对外交流和对国外文化的吸收。

2. 思想活跃,求新意识较强

在高科技迅猛发展的今天,青年学生获取信息的重要来源和交流情感的渠道骤然增加,正在极大地改变着他们的生活方式、学习方式、交往方式、娱乐方式甚至语言习惯,对其思想观念的形成产生重要而深刻的影响。

3. 价值观的判断和选择上存在矛盾

在一般情况下,绝大多数学生认同集体主义,反对个人主义;认同奉献精神和社会责任感,认为诚信是一个人最重要的品质之一。但在具体价值选择上,一部分学生更注重自我发展、自我实现,且更多地考虑个人利益和物质追求。

## 二、加强高校学生工作管理的紧迫性

未来社会的竞争主要是人才的竞争。所谓人才，不仅要具有较高的科学文化素养，而且要有良好的思想政治素质。因此，培养人才是我国社会主义教育发展中必须解决的问题。大学生是国家宝贵的人才资源，是国家的希望，是祖国的未来。要使大学生成为中国特色社会主义事业的合格建设者和可靠接班人，不仅要大力提高大学生的科学文化素质，而且要切实提高大学生的综合素质，尤其是思想政治素质。而思想政治素质的提高主要是通过对大学生的管理来实现的。

大学生群体的独特性要求加强对大学生的管理。从大学生的心理特点分析，大学生具有较强的自我意识和批判性思维，有对尊重和自我实现的强烈需求，他们思维灵活，但心理发展还不成熟，在一些问题上容易产生偏执的思想。大学生对尊重的需要、自我中心倾向、功利主义意识和知识与实践的偏离，再加上他们接触信息的渠道很多，有很强的选择和吸收信息的能力，但没有很强的判断能力。因此，如果大学生的思想、行为没有得到及时的监督和管理，就很容易接收不良思想，这将产生严重的后果。

# 第二章　大学生工作管理理论分析

# 第一节　大学生工作管理的内涵及特点

## 一、大学生工作管理的内涵

大学生工作管理是对大学生日常事务的管理，它是指通过对学生的日常行为进行规范、指导和服务，来促进学生的全面发展。学生工作管理有广义和狭义之分，学生工作就是广义的学生工作管理，包括思想政治教育、日常事务管理、学生工作的考核与评估、学生成长发展指导等内容。本书所讲的学生工作管理指的是狭义的学生工作管理，也就是管理学生，它侧重的是日常管理，包括班级建设、学生奖惩、学生资助、安全教育、宿舍管理、生活服务、就业指导等，涉及学生在校生活、学习的方方面面。

### （一）理想信念教育和道德品质规范的养成教育

理想信念是一个人前进的航向，而道德品质则是为人做事的准绳。在大学生工作管理中，管理工作者要重视校园文化建设，为大学生创造高雅的文化氛围。通过校园文化的影响和熏陶，帮助大学生营造良好的舆论氛围，通过文化活动的组织和开展提高思想政治教育的效果。

### （二）依法治校，维护学生合法权益

实行依法治校，就是在高校的日常管理工作中，要明确学校和学生的权利及义务，要充分保障学生的合法权益。要依靠法律和学校的各种规章

制度，对学生进行奖励、资助、处分等。在处理如学生处分等涉及学生权益的问题时，要严格按照正当程序，规范处理过程，使学生的合法权益不受侵害。

### （三）学籍管理和学习指导

随着高校教学体制改革的深入和弹性学制、学分制的实施，在学生学籍管理中，高校可以实施跨校、跨专业修读，专修和辅修相结合等有利于学生成长的管理模式。学生工作管理者可以通过学风建设，为学生创造积极向上的学习氛围。学生在进行自主学习的同时，管理者要提供全方位、积极主动的辅导，帮助学生养成自主式的学习习惯和终身学习的思想观念。

### （四）就业指导和就业服务

就业指导和就业服务是学生工作管理的一项重要内容。面对日益严峻的就业形势，高校要设立专门的就业指导部门，由学校主要领导直接负责管理。就业指导部门要做好在校生职业生涯规划指导、就业信息收集、实习基地建设，毕业生就业指导、毕业生职业规划等工作。

### （五）勤工俭学和贫困生资助

贫困生资助和勤工俭学也是学生工作管理的一项重要内容。学生工作管理部门要针对学生的实际情况和高校的规章制度，开通助学贷款的"绿色通道"，尽可能多开辟勤工俭学的岗位，认真做好国家奖、助学金和校内贫困生补助的发放工作。同时，针对学生群体中的突发事件应建立应急处理机制和临时困难补助制度，对于发生重大家庭变故的学生，要及时给予特殊帮助。

## （六）生活服务和心理健康教育

高等教育不仅仅体现在学习方面，还要把服务育人的理念贯彻到日常的学生工作管理中去。学生工作管理部门要和校内其他服务部门互相配合，在为学生提供衣、食、住、行等方面服务的同时，还要重视对学生进行健康生活方式的引导。高校心理咨询中心要通过各种渠道、运用多种形式在全校范围内对学生开展心理健康教育和心理咨询活动，加强对学生的心理疏导。学生工作管理者要建立畅通的信息网络，使思想政治教育和心理健康教育有效结合，进而提高学生工作管理的水平。

## （七）校园秩序与课外活动

学校要为学生提供健康、和谐的学习和生活环境。学生工作管理者要积极引导学生自觉遵守学校管理制度，提高自身的道德修养，自觉维护校园秩序。同时，学校要积极鼓励学生团体组织开展有益于大学生身心健康的活动，并对活动加以管理和指导，保证学生活动的合法性和科学性。大学生通过参加各种类型的团体活动，可以在人际交往和社会适应能力等方面得到锻炼，这有利于学生的全面发展。

## 二、大学生工作管理的特点

大学生是思想最为敏锐的群体，有着自身独具的特点。根据大学生的身心特点有针对性地开展工作，是大学生工作管理顺利进行的保证。每个学生的成长和教育环境不同，造成他们价值取向的多元化、思想观念的差异化，具体表现有："理想与现实的差距使其虽有理想信念，但难以抉择；

虽有明确的是非观，但自控性和自律性较差；实用主义倾向明显，只关注与自身利益相关的事情；个人主义突出，自我意识较强；要求独立，但依赖性强，渴望尽快走向社会，但又无法实现经济独立；适应新事物的能力较强，但心理承受能力较差。"学生工作管理要适应学生的特点、满足学生的需要，这是学生工作管理取得成效的关键。针对大学生的特点开展工作，能够使学生工作管理更具专业性和可操作性，从而促进大学生工作管理目标的实现。大学生工作管理有以下特点。

## （一）教育性

培养全面发展的高素质人才为社会主义现代化建设服务是大学生工作管理的主要目标。学生工作管理者要通过对学生的教育和引导，提高大学生的科学文化素质，培养他们良好的品德和修养，引导他们坚持正确的政治方向，帮助他们树立远大的理想信念。总之，通过学生工作管理的教育和引导作用，促进高校管理目标的实现。

## （二）开放性

高校的学生工作管理具有开放性，日常管理工作可以通过多种途径和方法开展。既可以通过课堂教学教育，又可以通过组织校园文化活动进行日常管理，还可以通过学校教育、社会教育、家庭教育等多种渠道展开。学生工作管理者要善于利用多方资源，懂得统筹和协调，形成促进学生工作管理的合力。

## （三）持续性

大学生工作管理系统是一项复杂的工程。每一项具体工作的完成都要以学生工作管理的总体目标为方向，都要体现学生工作管理的效果，都要促进大学生的全面发展。大学生工作管理要建立长效的工作机制，使学校教育、社会教育、家庭教育三者有效结合，通过外在的制度管理和内在的学生自我约束，来提高学生工作管理的效果和系统性。

### （四）实践性

高等教育以培养适合社会需要和适应时代发展的高级知识人才为目标，要提高学生解决实际问题的能力。随着社会形势的不断变化和发展，要求学生工作管理模式随之改变。新的管理方法和手段不能只是空谈理论，而应该在实际的工作中得到切实的运用，以达到理论指导实践的目的。只有具有实践性的学生工作管理，才能更好地适应日益变化的社会环境。

# 第二节　大学生工作管理的目标及原则

## 一、大学生工作管理的目标

大学生工作管理的目标是要培养适应社会发展需要的高素质人才，以提高大学生的综合素质为主要目的。具体来说，就是要提高大学生的科学文化素质、身心素质、创新素质等。

### （一）科学文化素质

要求大学生拥有全面丰富的知识结构和扎实的理论功底。提高科学文化素质，要求大学生要努力学习科学文化知识，掌握正确的学习方法，养成良好的学习习惯，要学会用理论指导实践，全面提高自身素质。同时，要树立终身学习的观念，在实践中寻找不足，以学习来弥补不足。

### （二）身心素质

要求大学生要拥有强健的身体和健康的心理。通过积极参加体育锻炼、文体活动，强健体魄，提高身体素质；通过自我管理、自我控制和自我调节健全人格；通过积极参加社会实践，养成良好的个性和环境适应能力，并且使大学生拥有健康的身心素质，更好地为社会服务。

### （三）创新素质

要求大学生要有科学的思维方式和把理论运用于实践的能力。大学生要通过学习积累理论知识，运用科学的思维，辩证地、全面地分析和辨别事物；要有较强的创新和实践能力，面对不断变化的环境要勇于创新，不断地进行自我突破，在提高大学生创新能力的同时，拓展他们的综合素质。

## 二、大学生工作管理的原则

为提高学生工作管理水平，实现有效管理，学生工作管理者在日常管理中应该遵循以下原则。

### （一）实际性原则

要求大学生工作管理要一切从实际出发，既要考虑学校的实际情况，又要考虑学生的实际情况。通过了解学校与学生的实际，建立健全组织机构，明确各组织机构职能，确定学生管理目标，同时要研究适合高校自身的学生管理模式。从实际出发进行学生管理，有利于有针对性地开展学生工作。

### （二）制度化原则

要求学生工作管理者要根据国家法律规定，结合高校自身实际，制定各种规章制度进行学生管理。制度化是进行规范管理和提高管理效率的必然要求。只有通过制度化管理，大学生工作管理才有章可循，才能不断推进学生工作管理的科学性、有效性。

### （三）服务性原则

大学生工作管理要坚持服务育人的理念，以服务学生为出发点和落脚点。在对学生的日常管理中坚持服务性原则，就要从学生的根本利益和切身需要出发，把学生看作学生工作管理的主体，一切为了学生。因此，在实际工作中应坚持服务性原则，通过服务达到管理的目的。

# 第三节　大学生工作管理取得的成绩

高等学校的根本任务是培养德、智、体、美、劳各方面全面发展的社会主义事业的建设者和接班人。学生工作管理是高校工作的重要组成部分，它对于培育适应 21 世纪经济社会发展需要的"四有"大学生至关重要。几十年来，各高等学校对学生工作管理都十分重视，投入了大量的人力、物力和财力；学校的学生工作管理者认真贯彻党的教育方针，围绕学校培养目标，大胆实践，努力探索，形成了一套行之有效的工作途径和方法。他们热爱学生、关心学生，爱岗敬业，为培养学生付出了辛勤的劳动和无数心血，为我国的社会主义建设培养了大批合格的专门人才。特别是近年来，大学生工作管理队伍在学生工作管理的科学化、规范化上进行了有益的研究与探讨，取得了一定的成绩，归结起来主要有以下几点。

## 一、积极开展丰富多彩的活动，为全面提高大学生素质搭建舞台

### （一）积极组织社会实践，锻炼学生的社会适应能力

利用寒暑假开展社会实践是大学生工作管理的常规内容。大学生利用寒暑假进行社会实践的形式是多种多样的，有环保调查、行业实践、公益实践、母校回访、勤工助学等。社会实践活动没有固定的模式，也没有固定的场地和对象，一般是在一个比较开放的环境下，面对着不断变化的情境，学生独立面对和解决各种问题。社会实践能充分调动学生的积极性，引导学生在实践中勇于开拓、敢于创新。

此外，大学生通过实践走向社会，亲身体验生活，看到城乡差别，感受贫富差距，在与人民群众的接触、了解、交流中受到真切的感染，从活生生的典型事例中受到深刻的教育和启发，这能使他们的思想得到升华，他们的社会责任感和使命感得到加强。同时，也能使学生看到自身知识和能力上存在的不足，比较客观地去重新认识、评价自我，逐渐摆正个人与社会的位置，进而潜心思考自身的发展问题，不断地提高自身素质和能力，以适应社会发展的需要。

总之，社会实践可以训练学生独立生活和适应环境的能力；提高知识的实际应用能力和自身的组织管理能力；巩固和发展专业技能；了解国情民情，增强社会责任感；强化学生的社会服务精神，塑造他们吃苦耐劳的品德。大学生在积极参与这种实践活动的过程中，会逐渐养成坚韧、顽强的优良品性，养成务实的学习态度和生活作风，不断提高自己，完善自己。

### （二）组织社团活动，为大学生搭建开发潜能、展现自我的重要平台

社团活动是大学生校园文化活动的重要组成部分，是对大学德育的有效补充，也是大学生素质教育的重要载体，是高等院校中一道亮丽的风景线。大学生社团是大学生立足校园，基于共同兴趣和爱好，依照法律，按照一定的章程，自愿结成的具有固定成员和特定活动内容的组织，大致可分为学术科技、文体娱乐、志愿服务、创业或综合五种类型。社团活动形式新颖、丰富多彩，在培养学生的想象力、创造力、批判能力和协作精神，充分调动社团协会的主体性与参与性等方面，起着桥梁和纽带的作用。组织社团活动不仅丰富了大学生活，而且为大学生身心健康发展提供了课堂以外的学习机会，让他们在活动中锻炼自己的能力、发挥自己的特长、展现自己的才干，这无疑是大学生开发潜能、展示自我的舞台。

### （三）丰富校园文化，提高学生的人文艺术修养

文化素质是素质中的一个重要内容，它是指具有一定的文学修养、理论修养、音乐修养、艺术修养等。学生工作管理的重要内容之一就是校园文化建设。所谓校园文化具体表现在各种活动的组织与开展中，如元旦联

欢会、歌手大赛、合唱比赛、社团嘉年华、科技文化节、校园辩论赛、纳雅大讲堂、假面舞会等。青年人思想活跃，吸收力强，可塑性大，比较容易接纳新生事物、观念、行为及生活方式，通过群体文化的规约和引导，形成良好的校园文化大气候，对学生素质的提高大有裨益。通过丰富多彩、形式多样的文化艺术活动引进高雅艺术，如音乐会、芭蕾舞、话剧等，使学生的艺术修养和审美素质得以有效提高。

## （四）组织课外学术科技活动，锻炼学生的创新能力

大学生课外学术科技活动包含三方面的内容：一是学术科技的学习，二是学术科技的创新，三是学术科技的应用。这是伴随着"科学技术是第一生产力"的论断，逐步为社会接受并确立其在经济社会发展中的主导地位，一步一步发展起来的。大学生工作管理部门应高度重视，不断健全组织机构，形成有效管理的模式；建立评比表彰制度，营造学术气氛，并采取积极措施使这一活动不断发展和深化。

课外科技创新活动，激发了学生的学习积极性和创造能力，使学生从校园走向社会，从单纯受教育和知识传承的身份，逐渐成长为社会财富的创造者，打破课外与课内的界限，最终使学生树立终身学习的观念。

# 第四节 大学生工作管理面临的问题及其成因

## 一、大学生工作管理面临的问题

高校是培养人才的重要场所，高校的学生工作管理直接影响着人才的培养质量，影响着高校和社会的稳定。因此，各高校都十分重视学生工作管理，结合新形势对学生工作管理进行了积极的、有益的研究和实践探索，取得了一定的成效，但目前仍面临很多挑战，存在一定的问题。

### （一）社会主义市场经济的深入发展使学生工作管理面临严峻的挑战

随着我国改革开放的不断深入，人民生活水平进一步提高，广大人民群众对接受高等教育的需求愈加迫切。为了适应改革开放的形势、满足各行各业对人才的需求，党中央、国务院及时做出了高校扩招的决策，高校招生人数连年增加，在校生人数持续增长。高校扩招、学生人数急剧增加，高校逐步实现了由精英化教育向大众化教育的过渡，但导致部分生源质量下降是一个不争的事实；交费上学，导致经济困难学生增多；高考取消年龄限制、学分制和弹性学制的实施、后勤社会化改革都给学生工作管理带来了相当大的挑战。加上很多高校对形势估计不足，也出现了很多问题，例如，学生宿舍建设滞后，不得不推迟开学时间；食堂容量小，学生就餐拥挤；教室数量少，仅能满足学生上课之用，学生自修教室紧缺，导致学生宿舍成为学生的主要自修场所；文化体育场馆建设滞后，学生课外活动较少，学生的体育文化生活相对单调。此外，随着市场经济的发展，大学生的思想观念、价值取向发生了巨大的变化，大学生思想活动的独立性、差异性日益增强，原有的单一学生工作管理模式已无法达到预期的效果，学生工作管理面临着严峻的挑战。

## （二）传统管理模式的弊端使大学生工作管理面临新的问题

传统的学生管理模式固然有其历史必然性以及成功的做法和经验，但在新的情况下存在着难以克服的弊端。从现状上看，有些高校的学生工作管理仍然停留在处理事务的阶段，常常重管理、轻服务，认为学生工作管理者在管理过程中起主导作用，学生只是起辅助作用；学生只是被管理者，在管理过程中，学生要服从学生工作管理者的管理、听从学生工作管理者的安排；停留于管好学生、管住学生的阶段；以满足学校的现实需要即学校的稳定和发展为重点，而不是以满足学生的发展需要为重点来开展工作。另外，有一些学生工作管理者认为学生性本恶，故往往喜欢采取"管、控、压"的方法来压制学生；也有些学生工作管理者认为学生本身是一张白纸，可以对其随意"涂抹"，于是随意向学生发号施令，以显示权威。殊不知，这更加激发了大学生的逆反情绪，严重影响管理的效果。总的来看，学生工作管理者采用行政化的教育管理方式，对学生训导多，平等交流解决问题的机会少；充当长者、管理者的色彩浓，担当朋友、服务者的色彩淡；空洞的说教多，能真正满足大学生情感、生活等需求的心理沟通等有效的工作少；消极被动解决问题的多，积极主动为学生综合素质的提高和发展创造广阔空间的工作少。面对新时代、新形势的需要，学生工作管理者应该转变思想、更新观念，树立以人为本、以学生全面发展为中心的理念，为学生的发展创造一个广阔的平台和空间。

### （三）网络普及的负面影响给学生工作管理模式带来冲击

信息化技术的发展和普及给传统学生工作管理带来新的问题。信息化的迅速发展，使互联网对学生的学习、生活乃至思想观念产生着广泛而深刻的影响。网络正极大地改变着学生的生活方式、学习方式甚至是语言习惯。对学生工作管理而言，网络是一把双刃剑。一方面，网络为大学生工作管理提供了新的阵地和领域；另一方面，网络也给传统学生工作管理带来了极大的冲击。首先，网络信息的快捷性、丰富性和开放性特点，使得学生从学校获取知识的权威性受到怀疑。在网络普及的社会条件下，大学生能够借助网络比以往任何时候都更快捷地获取信息，而思想政治工作部门和有关干部、教师在获取信息的渠道、时间、数量等方面已不占明显优势。数量巨大的网络信息，"淹没"了德育教育信息，尤其是不健康信息的冲击，使学校所要传达给学生的信息很难在学生头脑中沉淀，严重影响了教育工作。其次，网络的虚拟性、隐蔽性使得网络成为有害信息的滋生地和传播地。一部分人利用信息技术参与社会政治，一些虚假、不健康甚至反动的信息污染了学生思想政治教育的环境，学生难以判别和抵御，有的上当受骗，还有的沉溺于网络虚拟世界不能自拔。

### （四）学分制和弹性学制的实施使学生工作管理面临新的变革

目前，全国各高校普遍实施了学分制。在学分制下，学生工作管理打破了学年制整齐划一的教学管理模式，学生专业班级观念淡化，形成了以课程为纽带的、多变的听课群；不同专业甚至不同学校的学生在一起学习，学生工作管理不仅局限于本专业学生，而且还要管理选修课程形成的其他专业或其他学校的学生。同时，学生工作管理除了对学生进行教学和生活管理外，还需指导学生选课，帮助学生构造合理的学科知识结构，并要求学生在老师的指导下，由定向学习变为自主学习，学生工作管理由学年制下的指令性管理变为指导性管理。在这种现实情况下，学生工作管理必须寻找和构建新的"平台"。

### （五）学生工作管理队伍储备不足和不稳定制约着学生工作管理的成效

目前，大学生工作管理面临的一个重大难题就是人员空缺和人员素质不高。辅导员分布也极不平衡，有的学校一名辅导员要负责 600 名或者更多学生。辅导员任务加重，无法在时间上和精力上对学生开展过细的教育工作，无法及时对他们进行心理疏导。再加上，高校中从事学生工作管理的人员主要来源于本校留校的本科生或研究生，他们中很少有人专门学习过管理学或心理学的知识，同时又缺乏进修以提高自身专业水平的机会。有很多高校的辅导员都比较年轻，看似容易与学生沟通却管理经验不足。这些问题的存在致使大学生工作管理力度不足，管理效率低下。大学生工作管理内容庞杂，事务琐细，全校凡涉及学生的各个部门的工作，最后的落脚点都在辅导员身上，"千条线一根针"。再加上现行工作体系的约束，学生工作管理者不可避免地陷于每日的事务中，疲于应付。这就使学生工作管理表面化、肤浅化，流于形式，难以对学生日常行为、生活、学习等方面进行高效、规范、科学的管理，严重影响着学生综合素质的提高。

### （六）高校新区建设和高校后勤社会化给学生工作管理带来新的问题

高校后勤社会化，实际上是建立一种教育成本分担机制。目前，我国大多数高校实现了高校后勤社会化。高校按市场经济规律运作，开放学校市场，允许社会上的人员、资金、技术、设备开发校内市场。这些经营者进入高校市场的主要目的是盈利，而学生在缴纳各种费用的同时也树立了投资意识，对学校教学、生活条件有了更多、更高的要求，这就容易产生矛盾。随着高校招生规模的扩大，许多高校原有的校园难以满足学生的学习、生活要求，各高校纷纷在原有校园外建设新校区，这造成同一专业的学生或者同一院系的学生分开接受教育，严重冲击了以前按院系管理的模式。在这种新的形势下，探索新的学生工作管理模式将是学生工作管理面临的新课题。

## 二、新形势下大学生工作管理问题产生的原因分析

### （一）环境因素：社会转型加快与教育发展滞后

当前，我国社会正处于转型期。我国的社会转型是在中国的传统文化、社会主义制度文化和西方文化所构成的复杂的文化背景中展开的，其实质就是由传统农业社会向现代工业社会、传统封闭社会向现代开放社会、高度集中的计划经济体制向以竞争和利益导向为主要特征的社会主义市场经济体制的转变，其中必然充斥着东西文化的交融与碰撞。而且这一过程必

然带来社会体制及其运行机制的变化。马克思主义认为，物质生产活动是人类最基本的实践活动，它是一切其他社会活动的基础和决定性因素，教育活动也概莫能外。[①]教育不可能脱离社会物质生产的需要而发展。社会发展丰富了教育资源，改善了教育条件，提高了教育水平，顺应了时代发展的需要，高等教育进入由精英教育向大众教育转变的阶段。一方面，急速扩招在满足大众接受高等教育需要的同时，加重了高校自身的负担，造成师资的严重紧缺；另一方面，教育的时滞效应决定了教育改革从开始实施到完成是一个渐进的过程，人的成长成才亦需要一定的时间。因此，不可避免地会出现社会物质生产的急剧变化与教育变革滞后之间的矛盾。

改革开放的深入发展和社会主义市场经济建设的全面展开，将中国带入了一个以现代化为根本特征的全面深刻的社会变革时期。现代化的实践要求现代化的价值观念和伦理精神的支撑，需要与之相适应的大学生工作管理理念与操作体系。但是就方法而言，大学生工作管理多坚持灌输的方法，以说教为主，忽视了社会转型所带来的教育环境、教育对象发生的巨大变化，这种机械呆板的方法抹杀了鲜明个性的思想。就目标而言，基于单一的、封闭的社会结构，在特定的教育教学环境中，着力塑造符合某种特定目标的学校角色，这种学校角色往往与社会转型期所要求的人才特质相脱节。从本质上说，在现代社会开放和价值多元的背景下，大学生工作管理因为忽视了学生的主体性本质及其自主性和创造性，而在解释现实问题、解决矛盾冲突方面趋于苍白，不能发挥其应有的塑造学生人格、传承时代精神的历史使命，进而引发大学生工作管理中的骨牌效应。

① （德）马克思. 工资劳动与资本 [M]. 朱应会，朱应祺译. 香港：世界文化出版社，1949.

## （二）理念因素：科学主义的僭越与人文关怀的弱化

近代以来，在科技和教育的影响下，人类驾驭物质世界的知识和能力有了长足发展，科学的发展彰显了理性的威力，将人的精神也视为与物质无异的实在。在科学技术的激发下产生的各种哲学往往把人类以外的一切事物看成仅仅是有待加工的原材料，并在处理人与自然关系的过程中演绎为人类为控制自然而产生的一种工具理性，技术统治取代了一切，单纯重视机械化、技术化，试图借助对理性（逻辑）和技术的把握，通过一系列常规化、程序化的操作完成大学生工作管理的全过程。

科学主义的盛行催生了教育观上的工具主义，着力于教会人们何以为生的知识和本领，其"最基本的缺失就在于它放弃了'为何而生'的教育，不能让人们从人生的意义、生存的价值等根本问题上去认识和改变自己；也必然地要抛弃人自由心灵的神圣尺度，把一切教育的无限目的都化解为谋取生存适应的有限目的，缺少以人为出发点的教育理念；人自身也成为由工具理性所任意摆布和支配的工具，人为物所役成为一种理性程序化的存在物和机器，而失去各种精神的追求"，丧失了否定性、批判性、超越性而成为单向度的人。可见，科学主义"可能以一种异化形态统治人、控制人，把人置于纯粹工具的地位，退化到物的境地，从而控制人，丧失其应然性"[①]。用科学的物质性、实在性来说明人的丰富性是不恰当的，"形不成人与世界相互作用造成的复杂的'属人世界'的现实观念，因其简单化而无法揭示现实世界中的复杂现象"[②]。从而造成人文关怀的旁落，而这

---

[①] 鲁洁．实然与应然两重性：教育学的一种人性假设[J].华东师范大学学报（教育科学版），1998（4）：1-8.

[②] 鲁洁．实然与应然两重性：教育学的一种人性假设[J].华东师范大学学报（教育科

恰恰是大学生工作管理的核心和关键。

## （三）人的因素：学生思想多元化与不稳定性

随着改革开放的深入，特别是高新技术的迅猛发展，信息手段不断更新，信息传输速度日益快捷，学生对各种思想、文化的接收有了更快捷的方法，各种思想和价值观念随之汹涌而来，这势必对大学生产生巨大的影响。主要表现为学生思想逐步由单一趋于丰富，由封闭僵化转向开放活跃，呈现多元化的发展趋势。

新一代大学生是在改革开放的环境中逐步成长起来的。他们是最积极、最活跃、最有生气的群体，其思想品德的形成、发展具有强烈的时代特征：主体意识不断增强，自主意识不断强化；思想活跃，具有强烈的进取心和好奇心，易于接受新鲜事物，能够通过各种方式和途径获取知识和信息，文化反哺生动说明了他们在获取信息方面的超前性；思维敏捷，具有极强的灵活性、批评性和独立性。特别是伴随网络技术的发展，处于数字化生存状态的大学生有了更多自主选择的权利和空间，这为他们了解各种基于不同文化背景的多元价值观提供了平台，加剧了多元价值体系的相互碰撞。

但是这个年龄阶段的大学生，心理机能和道德判断能力均处于相对较低的水平，且缺乏社会经验，心理状态尚不稳固，情绪易于起伏，具有较大的随意性和可变性，使得他们面对多元价值无法自如地评价和选择。事实上，面对价值观念的多元化，他们时而表现出"自主与依赖的矛盾、自信与自卑的矛盾、感情与理智的矛盾、要求与满足的矛盾、冲动与压抑的

---

学版），1998（4）：1-8.

矛盾，等等"[①]，从而产生价值评价及选择的迷茫和困顿，在思维方式和行为方式上出现偏颇，加大了大学生工作管理的难度。

# 第五节　完善我国大学生工作管理模式对策研究

## 一、以"柔性管理"思想为指导，更新管理理念

我们已经知道，在学生工作管理中"以人为本"是柔性管理的核心，同时也是柔性管理的价值取向，更是柔性管理的核心指导原则。高校的学生工作管理特别是院系的学生工作管理的出发点和落脚点应该是学生的成长成才，以培养德、智、体、美、劳全面发展的学生为最终目的，使得学生能够成为社会主义的建设者和接班人，这才是大学生工作管理的根本任务。

### （一）确立以学生为本的管理理念

要在实际工作中树立起以学生为本的学生工作管理理念，就要通过相应的规则确定学生在高校的学生工作管理中的主体地位，充分突出学生的主体性。这也就是说，在学生工作管理过程中，学生工作管理人员要时刻以学生为中心，发掘学生的潜能，发挥学生参与管理的积极性，引导学生维护自身的合法权益；关心学生发展，帮助解决他们在日常学习和生活中

---

① 易南,吴林斌.论当代大学生的评价问题[J].扬州师院学报(社会科学版),1990(3)：84-88.

出现的各类问题，真心诚意地为学生服务。

以人为本、服务学生的理念要求高校院系在实施具体的学生工作管理中，要考虑到学生的主体性和个性发展，减少一些强制性的单一性的内容。基层管理人员在具体工作中要做到：尊重学生的个性诉求（基础），关注学生的身心健康（关键），服务学生的各类需求（方式），发展学生的综合素质（目的）。尊重学生就是尊重学生的个性诉求，尊重学生在高校中的主体地位。高校成立的基础是学生，所以在具体工作中，要尊重学生的主体地位，尤其对特殊学生更要加倍重视。关心学生就是关心学生的学习和生活，及时掌握学生在学校的学习和生活的具体情况，帮助学生解决问题，让他们感受到学校的关爱。服务学生就是以学生需求为导向，努力培养适合学生发展的软硬件环境，促使学生进行良好的自我管理，促进学生形成正确的人生观和世界观。发展学生是以学生为本的目的，也是尊重学生、关心学生、服务学生的归宿，最终都是为了学生的全面、协调发展。

## （二）坚持民主管理

民主管理是相对于"一言堂"的管理而言的。民主管理对于现代管理、对于我国高校院系学生工作管理既是手段又是目标。一方面，它是院系学生工作管理有效性的重要保证。通过学生广泛参与，可以树立主人翁意识，增强学校的凝聚力和向心力。另一方面，它能培养学生的民主意识，提高学生参加学校管理的积极性。

民主管理内涵非常丰富，它是现代管理的重要内容之一。根据当前我国高校的实际情况，在高校院系学生工作管理中，民主管理的理念应着重体现在两方面。第一，以人为本，认同学生的主体地位；第二，讲求宽容，为学生发展提供宽松的环境。

1. 以人为本，认同学生的主体地位

实施对人的管理是学生工作管理的本质，因此，在学生工作管理中，必须始终贯彻以人为本的核心思想。学生是高校管理的对象，也是高校管理的主体。因此，"为了一切学生，一切为了学生，为了学生的一切"的思想，应该成为大学生工作管理的基本理念。这也是柔性管理理论中一个重要的概念。这就要求学校涉及学生的各个部门都要树立起以学生为本的核心思想，实行民主管理的方式。基层学生工作管理者对学生的个性发展要正确认识和充分尊重，对学生的意见和要求要广泛听取，将学校和学生的发展融为一体。在各项规章制度的制定过程中，要调动学生参与的积极性，同时增加透明度；对学校院系各项工作中存在的问题，要鼓励学生主动积极参与管理，听取来自学生的意见，以此来充分有效地调动学生"自我教育、自我管理、自我服务、自我激励"的积极性。

2. 讲求宽容，为学生发展提供宽松的环境

宽容就是要求学生工作管理人员尽量理解或亲身参与到学生的各种创造性活动中去，鼓励学生在校园文化活动中百家争鸣、百花齐放，不要用简单划一的制度和方式去规定学生，减少对学生的强制要求和无谓监督。既然有创新，也就意味着有风险，宽容就是要求学生工作管理者特别是院系学生工作管理者要有勇气去替学生承担风险和压力，力所能及地为创新性学生提供帮助和支持。当前大学生体现出个性多元化、发展差异化的特点，院系学生工作管理人员不仅要考查学生的学业知识，还要考查学生的道德、

创新以及实践能力等方面，以促进学生的个性化发展。

## （三）强调管理服务意识、实现个性化管理

市场经济的建立和高等教育大众化的发展，使高等教育成为一种消费，大学生就是特殊的教育消费者。"教育是一种具有服务性质的实践活动，教育服务就是教育活动的产品，或者说是一种服务形态的产品，教育产品是教育服务。"[①]市场经济条件下，服务的提供方是高校，学生作为消费者，那么在市场上、在学生付出学费的前提下，学生有权利要求高质量的教育服务、享受优质的教育资源，而高校也必须提供相应的教育服务。因此，大学生工作管理理念必须要进行转变，而院系作为与学生接触最密切的基层组织，其本质就是要坚持以服务学生为学生工作管理理念，这就要求学生工作组织以及学生工作管理者要根据市场经济发展的各项要求为学生提供服务，要一改以往行政化、官僚化的学生工作管理作风，实现学生工作管理向规范化、制度化、科学化的方向转变。

理念为行动指明了方向。院系学生工作管理者要学会转变角色思考问题，要多从学生的角度出发，思考学生面临什么问题，应该如何处理。要搞清学生当前的思想动态，把解决学生的问题作为学生工作管理的出发点和归宿；同时，发挥学生的主动性，使得学生参与到学生工作管理当中来，让学生提出积极的意见，这也是培养他们发现问题、分析问题、解决问题能力的一大重要举措。

---

① 胡耀宗.教育服务的价值刍论 [J]. 当代教育科学，2003（23）：17-19.

## 二、坚持以学生为本，改革和完善院系管理体制

### （一）建立院系党政共同负责学生工作管理领导机制

基层院系学生工作管理的有效开展离不开院系领导班子的大力支持。院系学生工作管理体系建设首先要安排院系班子即专门领导全面负责学生工作管理，同时院系党政领导也要亲自抓。建立党政领导共同负责学生工作管理的领导机制，可以全面整合院系各部门的力量，使得院系教务、行政等各部门分工协调，促进基层院系学生工作管理有序开展。在院系党政领导的共同负责下，学生工作管理既不是单纯的思想教育工作，也不是单纯的行政管理工作，而应该既是思想教育工作，又是行政管理工作。为了确保党政共同负责落到实处，可以在院系党政联席会议上单列一项学生工作管理，用以保障学生工作管理顺利、高效开展。

需要说明的是，各项工作的开展要学校学工处发挥指导功能。同时，学校有必要赋予院系学生工作管理部门一定的行政权力和主动权，否则，仅作为与院系同等的职能部门，其各项工作极有可能得不到有效开展，导致院系学生工作管理部门的职能与目标存在距离，从而达不到预期的管理目标。

### （二）以学生的发展和需要为依据进行组织机构和职能设置

院系基层学生工作管理必须建立在配备完善、工作得力的学生工作管理机构的基础上。长期以来，院系的学生工作管理机构虽然采取了不同的设置形式，但是无论采取哪种设置形式都必须满足学生受教育的需要，满

足一定的设立条件。比如，是否适合学生全面发展，是否能使学生工作管理人员顺利开展工作，是否能够使得院系学生工作管理部门达到预期的目的。

要加强院系一级的领导和管理。在机构上，成立院系学生工作管理办公室，与学校学生工作管理处相对应，院系党政负责人共同对本院系的学生工作管理负责，院系学生工作管理办公室的常务负责人是院系党委（党总支）副书记。成员包括院系学生工作管理办公室主任、团委书记、年级辅导员等，需注意的是，院系一级的本科生学生工作管理由党委（党总支）副书记负责，而一些高校的研究生学生工作管理由党委（党总支）书记负责，那么在管理中应当由院党委（党总支）书记对全院研究生、本科生的学生工作管理负责，在具体工作中一定要统筹兼顾、理顺研究生和本科生的管理机制。

目前，由于大学生数量不断增多，事务量也在增大。虽然近年来学生工作管理组织进一步扩大，学生工作管理人员数量进一步增多，但是院系学生工作管理人员既要应付日常学生工作管理，也要随时处理突发事件，往往有些力不从心。为此，院系学生工作管理部门应当以管理职能化、规范化为目标进行部门设置，细化管理职能，以更好地满足学生的需要。具体来说，院系层面要成立或者设立以下几个与学生利益相关的办公机构。

1. 成立院系资助工作办公室

在院系层面上成立院系资助工作办公室，专门负责管理院系学生的各种经济资助事务。具体职能为：做好与学校的资助管理办公室的任务衔接，同时，根据本学院的专业特点与有意向资助单位进行联络，负责资助信息的收集和发布。同时，要做好学校奖学金、助学金的发放工作，适时提供一些勤工助学岗位信息，等等。院系资助工作办公室一是深入学生中摸查情况，全面了解学生及其家庭的经济状况，做好贫困生建档工作；二是努力构建和完善以"奖、贷、勤、助、补"为主体的资助体系；三是对贫困学生开展励志教育，引导贫困学生自强不息；四是大力开展诚信教育、感恩教育，引导贫困学生以实际行动回报社会。

2. 建立院系心理健康辅导室

当前由于经济社会的快速发展，学生心理健康问题呈现出独特性和复杂性的特点，从学生工作管理的本质出发以及服务学生的需要，当代大学生需要专门化的心理辅导。院系直接接触学生，需要成立针对各院系特点的专门的健康和发展咨询部门，配备既了解心理辅导知识也了解本院系特点的专门人员。院系层面上的心理辅导室，可以借助学校心理辅导中心的力量，为每个本院系的学生建立心理健康档案，使得院系心理辅导工作成为学校心理辅导的有效补充，同时，也能在第一时间为院系学生提供心理帮助。

目前，我国很多高校都对辅导员提出了考取心理咨询师职业资格证书的要求，很多辅导员也顺利通过考试，获得了心理咨询师职业资格证书。所以，院系学生工作管理系统已经具备建立心理健康辅导室的师资条件。院系在辅导学生心理健康时要注意：一是制订学生心理危机干预预案，完善学生心理健康档案；二是举办心理健康活动，普及心理健康知识；三是做好心理辅导和咨询工作；四是认真进行学生心理状况摸排工作，妥善处理好有心理问题倾向的学生的心理干预工作。

### （三）加强院系学生工作管理队伍专业建设

优秀的学生工作管理队伍是基层院系学生工作管理开展的组织保障。一支高水平的学生工作管理队伍，是基层院系学生工作管理开展的有效保证。我国高校基层学生工作管理者称为辅导员，要打造一支优秀的辅导员队伍就要注意以下几方面。首先，要建立辅导员的聘用选拔体系。以"专业化、科学化"为原则，在选拔过程中不仅要考核辅导员的专业知识还要考察辅导员的作风、纪律、观念，要高标准、严要求。其次，要建立辅导员培训发展机制。结合大学生工作的特点，制订辅导员培养计划，可根据实际制定出固定培养机制、临时培养机制。再者，要建立辅导员队伍的绩效考核和监督评价机制。实行量化考核，对辅导员的工作进行动态管理，要增加考核工作的透明度和实效性。最后，要建立辅导员激励和淘汰机制。要重视辅导员的个人发展，在辅导员的评先评优、职务晋升上要建立起完善的机制；对于考核中表现不及格或者在任期内发生重大事故的辅导员要进行批评和教育，严重者要从辅导员队伍中除名。

院系学生工作管理办公室要注重专、兼职辅导员的学习培养和教育管理，专、兼职一视同仁，责权利清晰，形成一支团结上进、富有朝气和战斗力的辅导员团队。通过辅导员培训、交流和考核等多种形式，着重提升辅导员的以下五种能力。

1.服务大局，提升凝聚力

学生工作管理队伍要紧紧围绕学校奋斗目标、紧扣学校发展定位、紧跟学校发展步伐，做到盯得住目标不偏离、耐得住寂寞不放弃。全体辅导员和学生工作管理者要互帮互助，团结协作，共同进步。

2.加强修养，提升道德力

要求辅导员示范德行，带头遵守校纪校规。在工作中做到平等对待学生，牢固树立以学生为本的理念，尊重学生创新性，关心学生疾苦，了解学生的难处，始终不忘责任，不辱教师的神圣使命。

3.持之以恒，提升学习力

首先，院系要为辅导员提供学习的平台，为辅导员"充电"提供良好的环境。其次，要培养辅导员独立思考的能力。因为当前我国高校从事专职辅导员工作的人员大多数是刚刚参加工作的研究生或者本科毕业生，社会阅历不足，缺乏处理问题的经验。最后，辅导员要坚持理论与实践相结合的原则，努力把理论知识转化为谋划学生工作管理的思路、解决学生问题的办法和推动学生工作管理的本领。

4.与时俱进，提升创新力

院系还应在一定程度上要求全体辅导员努力探索学生工作管理新途径，解决学生工作管理中出现的新问题。

5.爱岗敬业，提升执行力

要求每一名辅导员勤恳踏实、爱岗敬业，做到坚持政策不走样、灵活把握不教条。同时，认真负责，经常深入班级寝室，了解学生情况，解决学生矛盾，疏导学生情绪，坚持处理矛盾讲究策略、解决问题注意方法。

## 三、完善院系学生工作管理的内容架构

### （一）构建以学生安全管理为基础，促进学生全方位发展的保

**障平台**

高校基层院系学生工作管理最基本的职责是保障学生生命、健康和财产安全。院系必须采取有效措施构建一个安全、稳固的平台，为学生创造安全的学习、生活环境，以保护学生的生命、健康和财产安全。

1.要牢固树立安全第一的思想

利用网络、板报、展板、开主题班会等形式，经常性地开展安全法制教育，使安全防范意识更加深入人心。比如，加强学生的安全意识，特别是防盗、防骗意识。

2.加强对特殊学生的管理，特别是加强毕业班学生、有心理隐患学生、在外实习学生等重点群体的管理

院系学生工作管理者要时刻掌握特殊学生的情况和思想，一旦发现问题，要及时进行干预，必要时上报学校学生工作管理部门，寻求更高层面上的帮助。同时，还要关注产生问题的原因，以从根源上解决问题。如针对孤儿、单亲家庭学生，院系可以多组织些座谈会，让孤儿、单亲家庭学生互相了解，增强生活信心；针对家庭困难学生，院系可以提供一些勤工助学岗位或者发放困难补助，帮助其解决经济问题；对于有学习方面困难的学生，院系安排教师或者学习成绩较好的同学展开帮扶；对于确诊有心理疾病的学生，院系在保密的前提下，邀请心理健康教育中心的老师，为其做好心理疏导工作，避免问题的进一步恶化。

3.完善突发事件应急预案和学校公寓管理办法，成立学生公寓管理委员会、文明纠察队等

要经常性地进行突发事件的演习，使得学生工作管理者在演习中不断

丰富经验，当危机来临时，可以以良好的心态和恰当的方法来应对。建立完善的危机预警机制。一个完善的危机预警机制，是院系面对危机的最主要的手段之一，对于解决危机起到不可估量的作用。

### （二）构建指导学生成长成才，促进学生全面发展的服务平台

当代大学生应当具备的各项能力，概括而言可以归纳为思想领域和实践领域两方面。其中实践领域包含专业技能、人际交往能力、应变及抗压能力等。

基层院系学生工作管理的主要内容是全方位的学生发展指导。学生的全方位发展是院系学生工作管理内容的本质所在，以学生全方位发展为依据，建立起培养学生综合技能的帮扶指导平台。第一，构架学生的专业规划。当前很多院系的学生在校学习了一年还不知道本专业到底是什么。针对这一问题，笔者认为有必要让学生从入校开始就懂得专业概念，并深刻地了解本专业的学习特点、学习方法和就业趋势。第二，指导并培养学生适应社会的各项能力。院系必须充分了解当前的社会发展现状，结合当代学生的各类特点，有针对性地组织开展相应的活动，制订行动方案，且贯穿于大学生活的始终。

# 第三章　大学生管理模式创新

# 第一节 融入开放性的思想

我国现阶段的高等教育已经从原来的精英教育迅速转化为大众化教育，受教育者的求学情况、知识基础与以往相比发生了很大的改变。政治辅导员和班主任要指导学生正确面对竞争、面对择业、面对压力，引导学生规划人生，培养学生有宽广的胸怀和健全的人格，努力把德育渗透到学生成才、就业的全过程，要主动管理育人，提高工作效率和工作水平，创造更好的育人环境和氛围。

## 一、建立优秀的管理团队和制度

如何适应时代的要求，培养社会需要的人才，是学生管理工作者的永恒话题，同时对学生管理领导干部也提出了更高要求，必须加强队伍建设。学校高层领导应加强对学生管理工作的重要性的认识，挑选一批思想素质高、工作能力强、具有一定学生管理工作经验的工作人员担任学校学生管理领导工作；经常性地组织并开展对各分校、教学点学生管理领导干部的专业培训，邀请较高水平的专家开展讲座，全面提升学生管理干部的素质；通过各种方式组织开展校与校之间学生管理工作的交流，请学生管理工作突出的管理人士讲解、传授管理经验，并通过讨论交流，达到共同提高，共同进步；以校本部为载体开辟全校性学生管理工作专项窗口，广泛讨论发表管理体会，创建全校性学生管理专刊，组织系统内投稿，把学生管理工作真正落到实处。

学校应建立导学教师引进、培训、考核、交流的整套制度。完善引进程序，严把入口关，力争把有能力、责任心强的导学教师引进来。建立严格的导学教师培训、考核制度。导学教师应对以现代计算机网络为主的多媒体现代远程教育技术有较深的掌握，能熟练运用计算机网络等媒体技术获取教学资源，并能配合辅导教师进行教学资源的整合，组织和指导学员开展网上答疑、BBS 讨论、双向视频等网上教学活动，利用 QQ 群、微信、E-mail 等与学员进行日常沟通。完善导学教师的流动计划，打破以往导学教师队伍建设的封闭体系，激活用人机制，拓宽导学教师出口，加强导学教师的交流和提拔，解决导学教师的后顾之忧。

解决导学教师流动性较强、流失率较高的问题，必须加强导学教师的专业化建设，其中最主要的就是更新观念，尤其是更新领导的观念，全面提高导学教师的综合素质。导学教师在工作了一段时间以后就会积累一定的工作经验，也会认识到自身不足。如果学校能制定一套完整的培训机制，给他们更多的培训学习的机会，不管是对学校还是对导学教师本人来说都是双赢的。另外，还可以加强导学教师之间的沟通与交流，使导学教师的业务能力不断提高，确保导学教师在工作中发挥应有的作用，保证开放教育学生的培养质量。

## 二、注重培养优秀的学生干部

好的学生干部不仅会给其他同学做出榜样，也会分担导学教师的工作重担，而且在这个过程中也锻炼了学生的工作能力，从而运用到自己以后的工作实践中。导学教师在选择班干部的过程中要一视同仁，不能因为个别小问题而否定他们的优点，应广泛听取同学和任课教师的意见，综合学生平时的表现民主或择优选拔；选出优秀的学生干部，要充分信任和尊重，减少个人干涉，使他们充分发挥个人的工作主动性和能动性。

学生干部队伍应真正发挥先锋模范作用，真正发挥战斗堡垒作用。学校应健全团支部、学生会组织，主动让学生组织成为学校与学生、教师与学生沟通的桥梁，通过民主推荐、个人竞选产生学生干部队伍。结合开放教育类学生的生理和心理特点，通过学生干部开展广泛的思想交流。帮助广大学生树立和培养学习自信心，一方面肯定他们在以往的学习和工作中取得的成绩和努力，使他们充分看到自己的优点和能力；另一方面，循序渐进一对一式辅导，将他们在现在的环境中遇到的问题总结归纳，然后反馈经验。在交流沟通过程中，要注意交流态度，避免出现僵局，挫伤学生的学习积极性，要充分尊重学生。成人学生的自尊心相对来说更强，并且也更容易受到伤害，教师的教育手段要不断改进，积极与学生磨合，减少代沟的出现。在沟通的同时，鼓励他们学习之后要在自己原有的领域有所创新和进步，帮助他们做好职业规划和人生规划。在思想教育过程中，应尽量避免用说教的方式，毕竟这些学生都是成年人，强硬的教育态度只能引起学生的逆反心理，不仅不会配合教师的教育工作，甚至会放弃继续学习。对个别问题学生要单独关注，因材施教，明察暗访，找出学生学习欠缺的根源和影响因素，和周围同学以及同事一起努力解决问题，最大限度地激发他们的学习主动性。

### 三、通过加强校园文化氛围引导学生的学习和发展

开放教育的学生大多以参加远程教育学习为主，这些学生有着强烈的孤独感，他们渴望交流，希望像普通高校的学生一样有丰富的校园生活，感受来自众多同学的支持与友谊。学校应主动提供学生情感交流、培养兴趣和寻求帮助的平台，能够促进学生之间交流沟通，传承成长经验，解答学生疑惑，碰撞智慧思想，传递情感关怀，培养同学友谊，消除学习孤独感，增强学生对开放大学的身份认同感、归属感和凝聚力，营造积极向上的校园文化氛围，促进学生的管理、学习和发展。经常性地开展校区、班级之间各种比赛活动，增进学生之间的友谊，根据不同学生原来从事行业的不同，有针对性地聘请相关行业的专家学者到学校举办讲座，吸引学生积极参与和交流。并用各种比赛的形式加强同行的良性竞争，使同学之间互相帮助，共同进步。导学教师应合理引导学生的学习积极性，帮助其树立明确的学习目标，使学生学习起来既有针对性还能自我检测和反馈。

# 第二节　提升教育服务意识

现代教育以促进人的现代化和主体的全面发展为中心。主体性、发展性是现代教育的本质规定。基于此，现代教育倡导"教育是一种服务"的教育管理理念。它强调教育者（教师）应满足受教育者（学生）个性发展，为受教育者创造全面发展和主体生成的情境和条件。它概括了当今教育的

经营态度和思维方式。在如何开展教育管理和教育活动的问题上，相对于传统的教育管理理念，它具有自身的特点：

1. 教育服务理念体现了现代教育以人为本的精神，突出了主体，突出了主体的生成和主体性发展，以培养现代主体人格为根本。它直接着眼于人，着眼于人的发展。

2. 教育服务理念下的教育管理活动是教育者与受教育者互为主客体、主体间的对象性活动；是在教育者的组织领导下，教育者与受教育者共同参与的活动；是教育者的启发、引导、指导与受教育者的认知、体验、践行的互动；是教育者的价值导向与受教育者自主构建的统一的活动；是教育者与受教育者的相互教育与自我教育、教学相长的活动。

3. 教育服务是现代教育管理的整体特征，它不是教育活动的某个阶段或某个部分、某个方面的特征。作为现代教育的根本指导思想，它贯穿于教育管理活动的始终和教育管理活动的各个方面。

教育服务的管理理念对于高校的改革、建设和发展有以下作用：

## 一、教育服务理念为改革高校学生管理提供内部驱动力

我们的教育理念是培养人、改造人、塑造人，这具有很大的合理性和教育价值，但是，长期以来，人们往往受一种片面的理念所指导，一直将学生作为工作对象来"加工"，将教育完全观念化，以至于我们不能正确理解教育与社会、教育与个人发展之间的关系，使我们的许多教育政策与决策缺乏科学的基础。

树立高等教育服务理念，能够促使高校树立责任意识、市场意识和竞争意识，促使他们关注社会与受教育者的个人教育服务需求，推动高校自觉自主地进行改革，把握市场动向，完善服务体系，增强效益意识，提高服务质量。来自管理者自己对这种改革的需求和认同是改革高校学生管理最主要的动力。可以说，没有管理者对这种改革的深刻理解，没有管理者对学生管理的热情参与，没有管理者对学生管理的积极投入，学生管理理念要转变就十分困难。要求高校学生管理者树立教育服务管理理念，就是期望在形成教育服务理念的同时，一方面使管理者意识到自己与服务、服务与学生之间的密切关系，因而去尝试改变对学生的态度，尝试用一种全新的视角去看待学生；另一方面，也让管理者从根本上认识到传统管理的问题所在。服务理念首先是将服务对象当成自己一切服务工作的对象和焦点，将学生满意与不满意作为衡量管理业绩的重要指标，在客观上就迫使管理者去反思原来的管理理念并努力去接受新理念、新方法。这样，就能形成一种内在动力去推动他们进行改革。

## 二、教育服务理念为引导高校学生管理提出新的目标

传统教育理念培养人一般只要求听话、服从，教师培养学生追求"齐步走""整齐划一"，对学生个体之间的差异和个体特征重视不够，因而很难适应时代发展的需要。学生是共性和个性的统一。共性是指学生的群体属性，个性则是指学生的个体属性。处于同一年龄阶段的学生，由于他们生命过程和生活经历的相似性，他们的身心发展在同一规律支配下，表

现出某些相同或相似的属性和特征，即共性。但这些共性只是相对而言的，由于个体间遗传因子、家庭背景、社会环境及教育影响的差异，学生的身心发展无论是在内容上还是在水平上都是千差万别的，学生的性格、兴趣、爱好、智力、能力不完全相同，即具有个别差异。这种个别差异是绝对的，是不以人的意志为转移的。这是学生管理必须面对的事实。

树立高等教育服务理念，不仅能够让我们意识到学生共性和个性的差异，还能够让我们意识到，"高等教育服务的生产者是教育工作者，他们通过消耗智力和体力，而生产出适合不同教育对象需求的，具有多方面性能的教育服务，处在生产领域。学生则是高等教育的消费者，处在消费领域"①。这种理念为高校学生管理实践提出了新的目标。作为提供教育服务的教育者，在学生管理中应以学生为本，尽量满足学生（作为消费者）的需要。不同的学生有不同的需要，同一学生不同时期的需求层次也不尽相同，需求的多样化就决定了教师工作的复杂程度。在提供教育服务时，教师不再是以前高高在上的管理者，而是成了为学生提供服务的教育服务生产者。要生产出优质教育服务，以满足不同人的所有合理需求，教师就要自觉地树立"以人为本"的服务理念，掌握学生的思想动态，了解他们需要什么、喜欢什么、想些什么、关心什么、拥护什么、反对什么，兴趣何在，更要了解不同年龄学生身心发育的规律和特征。要深入到课堂，深入到食堂，深入到学生宿舍，深入到学生活动的各个方面，只有这样，才能从学生的角度制定出符合他们身心发展需要的管理规章，才能努力完善他们的个性，充分发挥他们潜藏在主体内部的创造潜能，才能受到更多学生的欢迎和喜

---

① 卫魏.云南省独立学院学生满意度的实证研究 [D].昆明：云南大学，2008.

爱。要"生产"优质服务，教师还要了解学生需求的变化。社会在变，时代在变，生活环境在变，学生的思想观念也会随之发生变化。这就要求教师要不断调整教育方式，随时了解以前的规章还是否符合发展了的实际，以前的教育方式、教育手段还是不是学生愿意接受的。

## 三、教育服务理念为高校学生管理创造新型师生关系

传统的教育理念认为，学生是教育的客体，教师是教育的主体。受这种教育理念的影响，在学生管理中，教师和学生之间是管理者与被管理者、指挥与服从的关系，学生是弱势方，学校是绝对的强势方，这种管理方法虽然也会取得一定的管理效果，但它付出了扼杀学生主体性、自主性和主观能动性的巨大代价。

树立高等教育服务理念，要求教育者重新审视以前的师生关系，树立起新型的师生关系：从高等学校教师方面来看，在教育服务生产过程的师生关系中，学生作为教育服务消费者，在教育过程中拥有重要地位，教师必须予以尊重，教师作为教育服务生产者，不能不认真考虑作为教育服务消费者学生的意见要求，这意味着教师必须改变角色意识，树立服务理念，从提高服务质量、保证消费者满意的角度出发来考虑一切，才能做到因材施教；从学生方面来看，意味着他们必须树立独立意识和自主观念，他们必须对自己的选择和行为负责，不能完全依赖学校和教师。这种新型的师生关系有利于学生管理中师生平等地、朋友式地、相互尊重地交流对话。管理者也只有从观念上意识到对学生进行管理就是对学生的一种服务，认

识到尊重学生就是在尊重自己，放弃学生就是在放弃自己，学生的失败就是你的失败，失去了学生就是失去了你自己，教师才可能真诚地去爱，真诚地付出，新型的师生关系才可能得以建立。在这种新型的师生关系中，学生管理倡导以"爱"为核心的情感管理。爱是一切教育的起点，是开启学生心灵的一把金钥匙，也是教育引导和管理学生的一种精神动力。只有爱学生，管理学生才能做到十分耐心，了解学生才能非常细心，为学生服务才会一片热心。而爱学生的最有效途径就是和学生交朋友，成为学生的良师益友。这样，一方面可以唤起学生管理者的友爱之心，使学生管理者乐于并善于与学生交友；另一方面可以使学生把学生管理者看成最值得信赖的人，向管理者敞开心扉，吐露心声，心悦诚服地、愉快地接受管理。

### 四、教育服务理念为高校学生管理的评价提供新的依据

无论什么条件下，任何一所学校的学生管理都有获得良好效果的预期。不同时期，人们衡量学生管理质量的依据不尽相同。传统的教育理念从管理者的角度出发，管理质量意味着管理特征对组织的规定与要求的符合程度。这一视角使组织更关注效率，即用最小的成本获得最大的收益。

树立高等教育服务理念，衡量教育质量的标准则主要是服务对象的满意度。这一视角更关注服务对象需要的满足。与传统理念相比，这一理念已经意识到了不同的服务对象会对同一产品感知到不同的质量水平。当学生或家长感知到满意的服务时，也就是他们对所有服务特征的期望都得到满足或超额满足时，他们把整体服务感知为优质，并因此对学校和教师保

持忠诚，从而对学校产生归属感。用满意度来衡量学生管理，传统的强迫式的管理方法必然失去效力，这就促使学生管理者转变理念，认真研究学生，了解学生身心特点，了解学生需求，创新教育方法，来满足学生需要，从而为高校学生管理提供了新的衡量依据。

用满意度来衡量学生管理具体表现在要符合学校教育质量的以下几个特征：

1. 有效性。也就是能有效地发挥教育服务产品的功能和作用，满足学生学习的欲望，促进学生的发展。

2. 经济性。是消费者为了得到教育服务所承担的费用是否合理，优质与廉价对消费者是同等重要的。

3. 安全性。是学校保证服务过程中学生的生命不受危害，健康和精神不受伤害，人格不受歧视，合法权益受到尊重和维护。

4. 时间性。消费者对服务的时间上有需求，他们需要及时、准时和省时。

5. 舒适性。消费者需要舒适的学习环境，以及令他们感到舒适的服务态度。

6. 文明性。消费者需要学校有一个自由、亲切、受尊重、友好、自然和善意的、理解的氛围，希望教师有较高的知识修养、文化品位和优雅的举止谈吐。

用满意度来衡量学生管理要以服务对象为衡量主体。学校应给予学生充分的评估权，学校应制定教育服务质量标准，并使服务者了解标准；研制学生满意度问卷调查，作为衡量学生管理的主要标准。当然，用满意度来衡量学生管理并不意味着对传统衡量标准的彻底抛弃。为了对高校学生管理做出更科学的评价，我们以为，可以建立起高校学生管理满意体系。这种体系除了学生满意以外还包括管理者自己的满意体系，包括上级对下级的满意、下级对上级的满意以及家长满意、社会满意等。这种系统化的满意体系有利于学生的健康成长，有利于学校的管理，使师生之间建立起共同学习、共同进步的良性循环。

## 五、在学生管理工作中树立服务意识的几点要求

### （一）思想观念要转变

长期以来，传统的学生管理工作是以管理者为中心开展的，管理者对学生拥有绝对的权威，管理者与学生的关系是"管"和"被管"的关系，管理的内容主要表现为要求被管理者"做……""不做……""如果……"，管理的基本方式是"要求""批评（甚至是训斥、吓唬）"和"处分"。这样的管理方式在特定的历史时期，对矫正学生的不良行为习惯是起到积极作用的。

伴随着社会主义市场经济的不断发展，社会竞争日益激烈，社会对大学生素质、能力的要求不断提高，传统的管理模式已经不再适合当前的高校学生管理工作，我们就应该结合新情况，用发展的思维去改进它、完善它。在管理中融合服务的思想，体现"以人为本"的管理理念就是适应新形势的有效方法，我们应着实意识到它的重要性，切实贯彻到管理工作的各个方面和环节中去。

## （二）工作态度要转变

学生是整个教育过程的主体，在学生管理工作中要充分尊重学生的个性和人格，转变以前"高高在上""不俯身子"的管理者的姿态，带着管理就是服务的理念，不断提升自身工作对学生的吸引力和亲和力，主动深入学生群体，经常倾听学生的意见和建议，及时对工作中的不足之处加以整改，贴近学生生活，贴近学生实际，视学生为朋友，宽厚待人，主动去尊重、理解、关心和帮助他们，引导他们以主人翁的姿态投入学习、工作和生活，促进他们道德自觉自律意识的养成，最大限度地发挥他们的创造潜能。

## （三）工作作风要转变

说得好不如做得好。树立落实服务意识，关键还是在工作作风上的转变。要把解决学生的思想问题和实际问题结合起来，主动观察学生关心关注的热点与焦点问题，及时高效、公平、公正地做好学生的评优评奖，党员的发展，贫困生精神和物质的帮扶，就业推荐和指导等工作，让学生感受到实实在在的服务效果。特别是在对待学习后进生和个别违纪同学的管理中，要学会感动他们，通过各种有效的帮助教育途径，如指导学习方法、多表扬他们的优点等，使他们觉得教师的工作是为他们着想，是为了实现、发展和维护他们的利益，从而自觉学好、表现好，促进整个群体管理工作的顺利开展。

## （四）服务意识的树立要与坚持制度相结合

在学生管理中，制度是工作的保障，服务是工作的理念，稳定和谐是工作的目的。强调树立服务意识不是抛弃制度的约束，而是增加制度落实的人性化，没有制度依靠的服务是无力和软弱的。对于个别纪律观念薄弱、思想觉悟低、道德品质差、屡次违反纪律的学生，就应该按照规章制度给予相应的处分和处理，这样才能维护绝大多数同学的权益，赢得绝大多数同学的支持。同时，规章制度的坚持与落实需要服务意识的体现，只有怀着服务好学生的思想，才能赢得学生的理解与配合，才会将外在的规定转化为他们内在的自我要求，学生管理才会具有实效性和持久性。

## 六、在学生管理工作中树立服务意识的几点建议

### （一）建立一套科学、规范、完善的学生工作制度

高校应按照国家有关法律规定，依据本校实际情况制定完整的、可操作性强的程序、步骤和规章制度，并以此规范学生的行为，行使有效的管理。完善学校的规章制度，第一，应确定制定主体，不仅学校领导参与，管理者参与，作为被管理者的学生也要参与，这样才能充分体现学生的利益，实现"以人为本"。第二，学生管理制度应当完善，不仅要注重实体内容，还应当注意程序内容。比如，学生处分制度，应当列明学生在哪些情况下会受到处分，还应有学生辩护机制和申诉机制。在所有的程序都进行完之后，再由决策机构来认定处分该不该执行。第三，学校应有快速的反应机制，国家一项新的学生管理政策或者法规出台以后，学校应快速反应，给出相应的实施意见。最后，除了这些强制性的规定，还应当有一系列的自律性的规定，使学生明确集体生活中行为自律的重要性而自觉规范自己的行为。

## （二）发挥学生主体能动性，变被动管理为自我管理

在工作中要注意调动好学生自身参与管理的积极性，让学生积极参与学生管理工作，改变学生在学生管理工作中从属或被动的地位，不是单纯地把学生看作教育管理的客体，以利于消除大学生对于被管理的逆反心理，实现大学生的自我管理。学生管理中宜推行在学生工作处指导下的，以辅导员、学生干部为调节的，以学生自律委员会为中心的相对的学生管理方式。既能锻炼学生的能力，同时又达到了管理的目的。

## （三）完善学生管理者的选拔模式和培训机制

提高学生管理工作者的待遇，建立一支专业稳定的学生管理队伍。一是学生管理者的选拔模式要创新。如今有的毕业生为了留校做老师而将从事学生管理工作作为以后成为任课教师的跳板；有的则是通过种种关系安排进来，在这样的情况下，学生管理工作者很难保持高度的热情，管理水平也不一定很高。而新的选择模式是要面向全社会，以完善的选拔机制来完成对学生管理工作者的选拔，这样能招募到各类人才，使学生管理队伍进一步扩大并提高一定的质量。在选拔人才的时候尤其要注意他们在教育学、心理学、管理学方面的知识。在国外做家政服务都必须具备心理学、教育学相关证件，持证上岗。作为学生管理者的选拔就更应注重教育、心理、管理方面的知识，最好应具备这方面的学历。二是学生管理者培训机制要创新。学生管理工作是一项很灵活多变的工作，需要管理者有足够的经验和专业知识来处理各种突发事件，因此，对管理队伍的专业培训显得尤为重要。在新型学生管理模式下，任课教师是一种了解学生情况和反馈情况

的角色，宿舍管理者也是一个重要的角色，因此，原来这种专业性的培训机制针对的主要是校、院、班三级的学生管理工作者，应转变为面向专业课教师、学生辅导员和宿舍管理员，对学生辅导员、宿舍管理员要注重教育学、心理学、管理学方面知识的更新与培训，以及他们对突发事件的应急能力，让他们将"学会管理"与"学会学习"结合起来，使学生管理工作者能不断超越自我，从而培养出一支专业稳定的学生管理队伍。注重专业课教师对学生工作相关知识的了解程度的培训，使他们从被动到主动关心学生的成长，关心学生工作，从而在各高校树立全员育人的思想。三是关注学生管理者的待遇。学生管理工作需要管理者保持极大的耐性和工作热情，管理工作相当烦琐，使得很多管理者不能维持工作的长期性，而管理者的经常变动则影响学生管理工作的开展和完善，因此，提高学生管理工作者的待遇，使其能稳定地从事这一工作是必要的。

## （四）加强学生的德育教育和心理健康教育

当今高校教育中的人才培养，不只是要使其获得专业知识和技能，也要培养其道德修养和心理素质。高等学校是培养主流意识形态的重要阵地，对构筑大学生良好的精神世界发挥着重要作用。高校学生管理者应通过各种渠道和方式，帮助大学生树立正确的世界观、人生观、价值观，形成高尚的道德情操和坚强的心理素质。所以，高校学生管理工作中的一个重要内容就是加强学生的德育教育和心理健康教育。这一点很多高校已经认识到并正在改进，特别要注意结合大学生实际，广泛深入开展谈心活动，有针对性地帮助大学生处理好学习成才、择业交友、健康生活等方面的具体问题，提高思想认识和精神境界。要制订大学生心理健康教育计划，确定相应的教育内容、教育方法。积极开展大学生心理健康教育和心理咨询辅导，引导大学生健康成长。

"以人为本"的管理模式是顺应当今形势、行之有效的模式。学生管理者要结合实际情况积极运用这种模式，在管理中树立服务意识，充分调动学生自我管理的积极性和能动性，实现管理者和被管理者的有机融合，实现学生管理的时效性和持久性。

# 第三节　创新管理方式

创新是高校学生管理的灵魂，也是高校发展的关键。高校只有大力进行管理的创新，摒弃陈旧、落后的管理方式和方法，创建一种与时代发展相适应的新的管理机制，才能真正提高高校的管理水平，从而实现高校提高办学质量和办学效益、培养大批优秀创新人才的现实目标。尽管全面创新管理是针对企业的创新提出的，但对高校也同样适用。

## 一、高校学生管理工作创新的必要性

今日高校的功能已由单一走向多元，从简单趋向复杂，高校与社会的关系日益紧密。21 世纪，人类社会正进入一个以智力资源为主要依托的全球化知识经济时代，伴随知识经济社会的到来，高等教育将在社会中发挥空前重要的作用。高校作为法人实体，必须有全面创新思维，否则将落后于历史前进的步伐。全面创新管理特别是其根据环境的变化突破了原有的时空界域和局限于教学管理部门和教师创新的框架，突出强调了新形势下全时创新、全球化创新和全员创新的重要性，使创新的主体、要素与时空范围大大扩展。

## （一）管理创新是培养高素质人才的需要

当前，科技飞速发展，新技术不断涌现，要培养大批高素质人才以适应新时期的生产建设，必须不断推进教育创新，这不仅包括教育观念、教育制度的创新，在人才培养模式和学生管理工作上也必须探索出一条新的道路，才能提高人才的素质和能力。学生管理工作是高校育人的重要手段，其本身并不仅仅是一个简单的政策、制度、规章所能涵盖的，它是一整套理论体系和系统工程的反映。学生管理工作的创新过程必须不断与外界思想、政策、环境相匹配，适应时代的潮流和社会的发展，这样才不会被时代所淘汰。

## （二）管理工作创新是高等教育大众化的需要

自 1999 年高校扩招以来，招生规模不断扩大，学生人数不断增加，以前的所谓"精英教育"渐渐被大众化的教育模式所取代，大学生的整体素质和层次也在发生着巨大的变化，这对大学生管理工作是一个不小的挑战。高校学生管理工作只有积极创新、不断探索，才能适应高等教育大众化发展的要求。

## （三）管理工作创新是服务学生的需要

我国当前正处于社会转型期，社会生活方式逐渐多样化，大学生的思想观念、价值观念、生活方式都在发生着巨大的变化。随着网络技术的快速发展，大学生对于新知识、新技术的接受和学习速度变得更快，这使得他们被网络深深地影响着。在学生管理的层面上来看，互联网的确带来了新的技术和方法，但互联网也冲击着传统的管理方法和体制。对管理模式进行创新，这是加强学生工作的需要，也是提高高等教育质量的需要。

## 二、全要素创新在高校学生管理中的应用

### （一）高校创新发展战略的制定为全面创新指明了方向

高校在战略措施的制定上，要找准切入点，突出特色，坚持特色办校，将有限的资源用于战略性、关键性的发展领域，使之发挥最大的效用。高校的优势来源于管理者将内部所具有的专业特色优势、人才优势、学术科研成果、管理经验、资源和知识的积累、整体创新能力等多种因素整合。只有建立在现有优势基础上的战略，才会引导高校获取或保持持久的战略优势，推进特色办校战略，不仅是在某一学科或专业上有特色，而且要尽可能进一步在某一领域上有特色。

### （二）创新文化的建设是实现高校全面创新的源泉

各种创新活动都离不开高校创新氛围的基础，如果高校中人们的思想僵化，思路不清，机械、呆板，满足现状，不思进取，缺乏创新欲望与动机，对创新举动不予理睬甚至百般阻挠，就不可能形成浓厚的创新氛围。据研究，国内外的一些著名高等学校，其保持长盛不衰的活力之源就是独特校风的延续和更新机制的存在。

### （三）技术创新是实现高校全面创新的手段

现代信息技术对教师的学科知识结构以及掌握现代化教育技术的程度也提出了更高的要求，引起教学方法和手段的现代化及课程内容的更新，影响教学过程和人才培养的过程，对大学生的思维方式、行为模式、价值观念、政治倾向等都产生了深刻的影响。

### （四）创新制度设计是高校实现全面创新的保障

任何一个制度和政策设计的终极目标都是要最大限度地激发人的积极性。高校必须承认个人在知识发展中的独特性，建立"以人为本"的有利于学生创新思维、创新能力培养的管理制度，既有利于充分发挥学生的学习积极性，也有利于充分发挥教师的教学积极性。

### （五）学习型组织是高校实施全面创新的必然选择

随着我国高等教育向大众化阶段的迈进，高校办学规模不断扩大，管理幅度和管理层次也相应增加，高校实际上已经成为一个复杂的组织系统，传统的金字塔式的组织结构已很难适应知识经济的要求。因此，应改变组织结构，建立一种有机的、高度柔性的、扁平的、符合人性的、能持续发展的、充分发挥师生员工的创造性思维能力的组织。

### （六）全时空创新在高校学生管理中的应用

全时空创新是指每时每刻都在创新，它使创新成为涉及学校各个部门和师生员工的必备能力，而不是偶然发生的事件。这就要求在课程体系中增加创新能力的训练和综合实践课程，提高学生在亲身实践中发现问题、解决问题的能力，进而激发灵感，教师要更新教育观，转变教育思想，改变常规教学方法的树立，把知识的最新成果以及学术界正在争论的问题随时融进教学中去，身体力行地站在创新的最前沿。况且，在全球经济一体化和网络化的背景下，高校应该考虑如何有效利用创新空间，在全球范围内有效整合创新资源为己所用，实现创新的全球化，即处处创新。

### （七）全员创新在高校学生管理中的应用

全员创新要求师生员工必须学习、学习、再学习，不仅要系统地学习，掌握基础的现代科学文化知识，而且要钻研某一专业方面的前沿领域，做到博与专、基础与特长的和谐统一，加强当前的阶段性学习，更要强调终身学习，不断增加新知识、新技能，保持良好的知识结构。高校学生管理人员再也不能像以往那样用传统的组织手段来指挥一群富有知识、渴望创造的教育工作者，而是必须不断探索高校学生管理中的新规律、新问题，研究现代化高校学生管理的新的方法论，寻求新形势下行之有效的管理方法，努力增强高校学生管理的科学性和艺术性，不断提高管理成效，用信息化管理方式取代传统管理方式，更要学习借鉴国内外先进的高校学生管理经验。

### （八）全面协同在高校学生管理中的应用

正常的教学秩序需要稳定的教师队伍和部门间的协同管理创新。目前，高校规模的不断扩大使得高校学生管理创新呈现出纵向的多层次和横向的多部门性，并且相互依存。无论从高校教育和教学管理的主体还是从客体来看，都不可避免地会出现利益和要求的多元化局面。高校学生管理中的协同创新行为是高校多个部门创新的组合过程，必须让所有参与协同的部门了解当前高校组织创新的实际情况，这不仅有利于单个部门的创新，而且在创新的过程中能进一步增进相互的理解和信任，利用部门间相互协同创新，增强高校的凝聚力，提高高校的管理效率和创新能力，最终实现解决矛盾，缓解纠纷，消除内耗，达到整体创新的目的。

## 三、高校学生管理工作创新的几点建议

### （一）完善学生管理制度

高校学生管理制度是在全校范围内具有普遍约束力的各种规章、条例、制度等，是高校依据国家有关法律法规制定的行之有效的管理办法。若想改变高校的学生管理制度只是沿用老一套的管理办法是跟不上时代的发展的。因此，必须尽快制定出与时代和社会现状相符合的管理制度，完善管理上的不足。

### （二）学生管理队伍专业化

目前来看，我国高校的学生工作管理队伍普遍存在这样或那样的问题，比如，专业背景不同、理论基础不扎实，在学历水平和思想素质上也存在不小的差别，这对于高校的学生管理是十分不利的。因此，努力培养和造就一支学生工作的专家队伍是当前学生管理工作创新的当务之急。一支专业过硬、素质较高的学生管理人才队伍，不仅能够管好学生，更能服务学生、培养学生，提升学校的综合实力。

高校全面创新管理体系的建立是一项复杂而艰巨的工程，不仅需要对全面创新管理中的要素理解掌握，还应采取如下策略：在宏观上政府要明

确在高校科技工作上的职能定位，加强对高校科技工作的战略规划，对高校实行分类指导，引领科研方向；中观上加强校内、校外，国内、国际的科技交流与合作，建立和完善科教经互动的合作创新体制，构建开放的人才培养体系和多元化、多渠道的科技创新投入体系；微观上各高校要实施高校科技管理体制创新工程，建设科技资源共享的创新基础平台，实施科技创新人才选培工程，培育科技创新文化，提高投入资金的使用效率。

# 第四节　坚持"以人为本"的理念

随着现代教育的发展和教育改革的深入，"以人为本"的学生管理将最终取代传统的学生管理，这是学生管理改革和发展的必然趋势。人是管理中的首要要素，因而提高人的素质、调动人的积极性、促进人的全面发展是提高管理效果的关键。科学发展观的本质和核心是坚持以人为本。坚持以人为本，不仅在人类思想发展史上具有重要的理论价值，更应成为当今高校的一种新的办学理念。

## 一、什么是"以人为本"的管理

"以人为本"管理模式即以人为中心，在确立学生主体地位的基础上，围绕调动学生的主动性、积极性和创造性来开展一切管理活动，这种管理模式是高校学生管理模式发展的必然走向。"以人为本"的学生管理工作理念，就是要以人为出发点，充分尊重学生作为人的价值和尊严，充分尊重学生的人格、个性、利益、需要、知识、兴趣、爱好，力促学生全面发展、健康成才，并能可持续发展。这意味着要从那种把对人的投资视为"经济性投资"的立场转变为"全面发展性投资"的立场。"以人为本"的管理在处理人与组织的关系时，并不否定和排斥组织的目标，而是把人的自我发展和自我完善作为组织目标的组成部分。高校学生管理中坚持以人为本的管理思想，就是指高校学生管理工作必须以调动学生的积极性、做好学生的工作为根本。具体而言，就是要在高校学生管理过程当中坚持把教育和管理的对象——所有学生作为全心全意为之服务的主体。树立"以人为本"的高校学生管理理念，营造良好的服务氛围，对学生能起到潜移默化的作用。高校从教学到行政管理，从学生学习到后勤服务，都要不断深化教育改革，转变教育观念，转变过去那种以学校为主体、以教育者为核心的工作思路和工作方式，变管理为服务，树立"一切工作都是为了学生"的健康成长的管理理念。"以人为本"的高校学生管理就是以学生的发展为高校工作的出发点和落脚点，一切为了学生，使大学生德、智、体、美、劳全面发展。具体而言就是要理解学生、尊重学生、服务学生、信任学生。

## 二、实现"以人为本"的管理模式的必然性

高校是培养和输送人才的重要阵地，始终担负着为社会培养高素质的建设者和接班人的神圣使命。在现行的高校学生管理中，管理目标的抽象化和格式化也是高校学生管理的一大弊病。高校学生管理工作与学校的其他工作目标是一致的，都是为社会培养人才。

人性化管理是以情服人来提高管理效率的，人性化管理风格的实质就在于充分尊重被管理者的自由和创造才能，从而使得被管理者愿意以满足的心态或以最佳的精神状态全身心地投入到学习和工作当中去，进而直接提高管理效率。人性的管理是情、理、法并重的管理，而不是放任管理，也就是我们提倡的教育人性化。对高校学生实行"以人为本"的管理模式抓住了学生管理中最核心的因素，因为学生管理就是人的管理。人的需求、人的属性、人的心理、人的情绪、人的信念、人的素质、人的价值等一系列与人有关的问题均成为管理者悉心关注的重要问题。这是高校学生管理的出发点和落脚点。

高校的基本职能之一就是为社会发展教育和培养人才，大学生已经具有了成为国家栋梁的基本潜质和条件，在教育和培养的过程中，要充分调动大学生的主动性、积极性和创造性，为他们提供能激发创造性和自主创新性的氛围。而要实现这一目标，高校学生管理就必须采取人性化管理，实施"以人为本"的管理模式。首先要转变教育管理观念，树立科学的人才观。切不可用一种人才模式去苛求学生，限制学生个性的发展。学生管理工作者要有着眼于未来的长远眼光和不拘一格育人的胆略。其次是要着重提高教师的综合素质，强化管理者的人格魅力。

在新形势下，主观上学生群体已经逐渐不能接受传统的高校学生管理模式，客观上高校管理所面临的形势也不能使这样一种模式维持下去。招生规模的扩大、个性培养和创新教育日益被高校所重视等，这些因素都要求高校学生管理必须抓住"学生"这一根本，转变管理理念，提高教师的综合素质，强化管理者的人格魅力。进行人本化管理，其实是对教师尤其是学生管理者提出了更高的要求。以人为本，促进高校学生管理和谐发展是时代的发展适应大学生全面发展和个性发展的必然要求。构建和谐社会、和谐校园，新时期学生的思想特点等使得以人为本的管理模式成为必然的选择。

## 三、构建"以人为本"的学生管理模式

### （一）加深对学生的本质认识

高校学生管理，无论是计划和任务的确定，还是内容和形式的选择，都源于对学生的认识和把握，源于对学生发展中各种矛盾的深刻洞察。实际上，任何个体都有其自身具体、独特、不可替代的需求。不同个体的需求在整个群体中又都不是孤立存在的，它们之间是相互联系和作用的。就高校学生管理而言，学生对自身所处管理环境的感受，对自己在学校中的地位，对学习、恋爱、人际关系、就业等个人发展需要得以满足的程度，都是影响管理效果的重要因素。

离开了对这些因素的认识、洞察和把握，高校学生管理就成了无源之水、无本之木。因此，我们只有全面考虑学生的个体情况，重视个人需要在管理中的地位和作用，并把它们看作运动的、变化的，高校学生管理才能有的放矢，提高管理效率，收到预期的效果。

### （二）营造"以人为本"的校园文化环境

环境是人们赖以生存和发展的自然条件和社会条件的总和。校园文化环境是指与校园文化的形成与发展密切相关的外部条件。校园文化环境包

括校园的物质环境和校园的精神环境两部分。校园的物质环境是以布局成型的姿态出现的物质环境，主要是指校容，如建筑物的布局，室外的绿化、美化，室内的整洁、美观、大方等。校园的精神环境主要是学校的传统习俗，如校风、人际关系、心理氛围、文化品位及活动构成的气氛等。人的发展及才能的养成是遗传、教育、环境共同作用的结果。人不仅受他们所处的环境的影响，也在不断地改变环境。这个环境又进一步地影响他人和自己。就学校而言，这种对人的发展以及才能的养成产生影响的环境，就是校园文化环境。校园文化环境对学校的教育工作及师生员工的生活有着不可低估的作用。开展丰富多样、多元化的学生集体活动能够培养学生崇高的理想和高尚的道德情操，能够使学生的兴趣爱好和特长得到良好的培养和充分的发挥。在一个健全的集体中，学生的不良习惯及意识也比较容易克服，因为集体的影响、优良作风对学生思想品德的形成和发展能起到巨大的促进作用。要充分调动学生的积极性、创造性，设法激发学生的思维兴奋点，组织开展丰富多彩的集体活动，在集体活动中教育、培养每个成员的集体主义精神，通过各项活动，积极发挥和发展学生的才干及特长，使活动和教育融为一体。

## （三）构建以学生为中心的管理模式，实现学生自我管理

贯彻"以人为本"的教育理念，构建人性化的学生管理模式，其中最基本的有两条：一是确保学生在教育中的主体地位，充分尊重学生的人格与自主权利；二是要对所有学生负责，为学生的全面发展提供应有的服务。

作为教育工作的重要方面，在管理工作中确保学生的主体地位，尊重

和维护学生自主学习的权利，就要保证教育主体的主观能动性得到充分的发挥，使他们的个性得到充分的张扬，使学生的潜力和发展的潜质得到充分的挖掘。积极实践学生的自我管理、自我教育、自我约束、自我服务、自我发展等，不断培养和提高学生独立思考问题、分析问题、解决问题的能力，这不仅是改进学生工作，为学生的自主发展提供更大空间的需要，也是我们这些年来在学生管理工作中的成功经验。实际上，学生的"自我管理"，就是一种民主的、开放的、人性化的管理，它更加有利于实现学生成才的目标。

## 四、学生在管理中的问题

高校学生通常叛逆心理较强，不希望被控制、被约束，不喜欢规章制度，喜欢自由自在。针对高校学生的这一特点，我们可以调动学生的主观能动性，使学生转换观点，不要让学生觉得自己被约束，让他们觉得自己是自由的。可以多让学生参加课外活动，多参加社团、学生会，使学生通过管理学会自我调节和自我管理。同时我们需要有更多的激励方式来调动学生的积极性，从而更好地进行自我管理。对于在学生管理方面表现出色的学生应该予以必要的精神鼓励和物质鼓励，这样学生才能够更好地自我管理，进一步更好地推进管理模式，形成良好的管理习惯。

## 五、加强学生管理机制

做好学生管理工作，需要大家不断地努力，通过多和学生沟通，了解学生，从而更好地做好学生管理工作，立足于学生所需、学生所想，实实在在地为学生做好服务。在管理方面，教师应该更多地阅读教育学方面的书籍，更好地了解现阶段学生的心理状态，知道怎样处理出现的问题，同时做学生管理工作的教师需要有满腔的工作热情和无私奉献的精神，这是一名管理者应该具备的，时时刻刻关心学生，了解学生的需要，从更人性的方面出发。然后教师也需要合理的晋升培训机制，更好地鼓励管理工作做得好的教师，只有这样教师才能更有动力地做好管理工作。

高校管理工作是一项责任重大的工作，高校管理工作要围绕学生的基础需要，立足于学生的发展，更多的是做一个好的引导者，让学生朝着更好的方向发展。这才是我们管理者在以后的工作中需要加强的。

## 六、提高学生管理工作者的素质

"以人为本"的管理理念体现出管理的自主性、民主性、灵活性和发展性等特征，这对学生管理工作者提出了更高的要求。"教书育人"就是通过"教书"这一手段和过程达到"育人"的目的。高校各门课程都具有育人功能，所有教师都有育人职责。学校道德教育的成效很大程度上是由教师的道德素养所决定的。教师及各类管理人员要从不同的方面对学生的行为产生影响和作用，确立全员育人和全程育人的观念。学生工作者要深刻认识并准确把握经济社会形势和发展趋势，面对这些变化所带来的影响，能够因势利导做好学生的教育引导工作。

建设一支高素质的学生工作队伍，一方面是高职院校要按照要求认真做好建设规划，做到与师资队伍和其他管理人员队伍的建设统一规划、统一实施；要明确条件、坚持标准，切实做好人员选配工作；要周密计划、合理安排，扎实推进人员培训工作；要提出目标、严格要求，不断增强学生工作者的责任感；领导和有关部门要对学生工作者思想上重视、工作上支持、生活上关心、政治上爱护，使学生工作者都能够随着形势的发展和工作的进行不断提高素质和水平，以满足事业发展的需要。另一方面也要求学生工作者加强自身修养，明确神圣职责，增强责任观念，树立服务意识，努力学习，积极实践，深入思考，大胆创新，不断探索新形势下学生工作的新路子、新方法，不断总结适应新形势、新情况下的学生工作的新经验、新成果，在全面服务学生成长成才的过程中发展自己，实现自身的价值。"以人为本"的学生管理要追求以新奇制胜、以巧妙攻心，关注学生的日常生活和学习生活中行为表现的细枝末节，把为学生服务放在重要位置，创造性地进行管理。只有坚持"以人为本，和谐发展"的管理理念，适应新时期科学发展观的要求，倡导积极向上的学习观、人生观、价值观，实现学生管理模式的改革与创新，才能真正促进学生的全面发展、和谐发展和持续发展。

# 第五节 "以人为本"的高校学生管理模式

## 一、"以人为本"高校学生管理的内涵

"以人为本"的高校学生管理模式应包含以下几方面：

首先，要树立服务观念。随着高等教育成为一种消费，大学生不仅是高等教育的产品更是高校服务的客户，他们有权得到高质量的服务。要树立以服务为本的学生管理理念就要突出服务功能，提高服务质量，坚持从服务与管理学生、维护学生的合法权益出发，将教育、管理和服务有机统一起来。

其次，树立民主管理观念。当前的学生要求平等参与有关自身利益管理的欲望越来越强烈，实施"以人为本"就要求在各种管理工作中重视人的因素，正确认识人的价值。人既是被管理的对象，又是管理的主体，应充分发挥人在管理中的积极性和主动性，形成一种全员参与的管理模式。高校必须强化学生管理工作中的民主观念，彰显"以人为本"精神。

再次，加强法治观念。学生管理工作的"法治"，从本质上讲也是"以人为本"管理理念发展的必然要求。

"以人为本"的学生管理模式促进学生个性发展，与传统管理强调共性存在很大的区别，每个大学生都是具有个性的人，学生管理工作过程中过度强调共性，必然扼杀人类本性中的创造性潜能，使高校的学生管理活

动失去应有的生机和活力。"以人为本"的学生管理工作必须树立创新观念，注重发展学生的创新意识和创新能力。总之，"以人为本"高校学生管理的内涵可以归纳为以下几点：

第一，从心理学的角度来看，分析大学生的心理特征，准确把握大学生成长过程中心理变化曲线，理解他们的各种正当合理需要。

第二，加强"以人为本"理念的传播，对大学生进行人性化的教育管理，以人的本性为出发点，引导学生进行自我剖析。

第三，承认大学生的个性，并引导其个性的良性发展，使其共性合格、个性张扬。

第四，强化学生的主体性，发挥其在教育过程中的主体作用，激发其自我教育、自我管理、自我服务的作用。

第五，加强角色转换，加强督导作用。

第六，加强对学生的教育、指导、管理、强化服务，为学生的健康成长和全面发展创造条件。

## 二、推行"以人为本"高校学生管理模式的意义

### （一）"以人为本"是时代进步及现代高等教育管理价值观转变的体现

世界发生着巨大的变化，政治多极化、经济全球化、金融危机化、文化多元化等都冲击着我国高校学生管理模式的探索。同时，随着我国社会主义市场经济体制的日益完善，社会分工越来越细，就业竞争、岗位竞争、

职务竞争等也越来越激烈，社会对人才的标准也提出了更高的要求。如何适应这种新形势，了解新情况、研究新问题、迎接新挑战，做到与时俱进，是高校学生管理在理论和实践上要深入研究的重大课题。中国共产党十六届三中全会提出"坚持以人为本，树立全面、协调、可持续发展观，促进经济社会和人的全面发展"①，为高校学生管理工作指明了方向，即倡导和确立"以人为本"的管理理念，高校学生管理改革才会有新突破，才会有新举措，教育才能开创新局面。

## （二）"以人为本"的学生管理模式代表高等教育管理手段改革的新趋势

21 世纪是知识经济时代，知识经济崇尚民主、平等、创造性，强调人力资源开发和科技创新的作用，提出教育遵循"以人为本"的管理理念。因此，高校教育管理者面对知识经济的挑战，必须贯彻"以人为本"的思想，不断学习新知识、提出新观点、更新旧观念、开拓新思路，这样才能适应 21世纪人文教育的需要。

"以人为本"的管理理念为新时期高校教育改革注入了新的理念。高校作为人类社会中传播知识和先进文化的重要阵地，作为学生树立正确世界观、人生观、价值观和创新思维培养的重要场所，必须坚持"以人为本"的办学理念，才能理解学生、尊重学生、服务学生、依托学生和信任学生。只有充分理解学生的个性、学生的情感、学生的尊严和学生的思想，不断挖掘学生的潜力，才能培养学生的创新精神，因材施教，提高学生的主观能动性，发挥学生的聪明才智，尊重学生的主体意识，最大限度地发挥学

① 中共中央关于完善社会主义市场经济体制若干问题的决定 [M]. 北京: 人民出版社，2003.

生的想象力，使学生真正实现自我教育和自我管理。这些都需要我们建立、健全"以人为本"的高校学生管理体系，创造尊重学生的社会条件。但是，尊重并不是放弃原则，放弃对学生违规违纪视而不见或拒绝对学生错误言行进行批评、教育，而是真心地去关心他们：从思想上关心他们，使大学生树立正确的政治理想，坚定永远跟党走的决心和信心；从学习上关心他们，使大学生产生对学习的兴趣，自发地树立学习目标：从生活上关心他们，使大学生感受到学校大家庭的温暖。良好的学习生活环境是学生成长、成才的必备条件。应根据学生个人发展的需要，时刻为他们的成长、成才提供锻炼的舞台和最佳的环境。这样学生就能不断地在思想上提高自己、在学习中完善自己、在生活中充实自己，为他们的自我实现、全面发展奠定坚实的基础。

### （三）"以人为本"的学生管理模式在网络时代成为可能

网络正极大地改变着大学生的生活、学习方式甚至是语言习惯。对学生管理工作而言，网络为高校学生管理工作带来机遇的同时，也带来了极大的冲击。网络信息的快捷性、丰富性和开放性特点，使得学生从学校和课堂获取知识的权威性受到怀疑。网络的虚拟性、隐蔽性使得网络成为有害信息的滋生地和传播地，使得大学生难以判别和抵御。

### （四）"以人为本"的学生管理模式是大学生权利本位的要求

随着经济的发展和科技的进步，当代大学生已经具有了明显的时代特征，如强烈的自我意识、独立意识、平等意识、个性意识。他们大多见多识广，反应敏捷，接受新事物的能力强，在某些方面的知识已远远超过教师和家长，这是不争的事实，学生已不再满足于"你讲我听""你说我干"的顺从和权威崇拜的心理。但是，自理能力、协作意识差，意志脆弱，承受能力差也是当今大学生多出现的问题。

目前在校生中，00后学生已经成为高校学生的主体。这些学生由于受到特殊时期经济政治体制变化、思想领域变化和大众传媒方式日益多样化等因素的影响，学生的权利意识有了很大的变化。他们的成长环境十分优越，缺少艰苦环境的磨炼，有相当一部分学生自上大学前，除了读书学习之外，很少参与社会实践和劳动锻炼，过着"衣来伸手，饭来张口"的生活，养成了很强的依赖性，优越的成长环境也使他们对生活有较高的期望值，总渴望着别人能让着自己、关心自己；他们缺少磨炼，在心理上过分依赖于家长和学校；没有挫折体验，经不起新环境和困难的考验，意志薄弱，承受能力差。另外，相当数量的贫困生心理压力过大，造成强自尊与强自卑并存，敏感与脆弱同在。这就要求高校学生管理工作要主动适应这种变化，创新学生管理工作的思路。要正确认定学校与学生之间的关系，正确认识和对待高校学生的权利意识，积极引导和培养学生正确的权利意识观念，让学生参与权利维护的实践和讨论，在行动与思考中成熟。

当前的大学生对自我权利意识有着较为自觉的认识，并且将其作为个性张扬、精神独立的重要表达方式。他们对个人利益的保护意识较为强烈，对自己作为教育消费者的身份有着较为清楚的认识，能够从消费者权利角度，主动了解并思考教育消费方面的诸多事情。比如，学费、住宿费等收费是否合理，教育质量是否和教育消费支出相称，等等。对于学校的各项规章制度，他们也常常会发表自己的看法，评论其是否科学合理，并希望通过合适的途径表达自己的意见；他们希望更详细地了解学校发展情况及各项奖惩制度，所学专业的师资队伍建设情况及就业前景等。这样的维权意识能够推动学校更好地调配使用教学资源、更谨慎地建设并管理师资队伍，使校园管理更为科学化、人性化。

善于积极表达权利意识。据了解，当代青年学生已经不满足于仅仅停留在自我权利意识的觉醒阶段。作为希望接受优质教育的年轻一代，他们更加关注如何将自己的权利意识通过更为合理、妥当的方式表达出来，并最终获得实现。他们希望通过高效直接的途径，促使学校管理者能够从学校制度建设方面切实保障其各项正当权利，但是，由于大学生自身年龄、知识视野狭窄等因素影响，他们自身的权利意识仍存在模糊不清的认识，他们有时会片面地夸大自身的权利却忽视义务或一味地抱怨学校仍存在的某些问题，却不能够积极地以主人翁的态度配合学校管理层做出应有的努力。因此，这就要求高校学生管理者不仅要尊重学生法律赋予的权利，更要警惕学生思想中因年轻而暴露出的片面化、极端化的倾向，正确引导、教育学生，实现学生成长和学校发展的共赢。

## 三、"以人为本"高校学生管理模式的特征分析

以人为本的高校学生管理模式较传统的管理模式主要有以下几个特点：

### (一) "以人为本"的高校学生管理模式注重学生的全面发展

以人为本的高校学生管理指的是以学生的发展为高校工作的出发点和落脚点，一切为了学生，使学生在德、智、体、美、劳等方面全面发展，

所以从管理的目标上来看，以人为本的管理模式更注重学生的全面发展。传统的管理模式把实现班级和学校目标、维护班级和学校利益作为最重要甚至是唯一的目标和归宿。人本管理在关注组织目标和组织利益的同时更加注重学生的成长与全面发展、个性化等问题，它认为学生管理的最终目标和归宿在于促进学生健康成长，在于培养具有独立的、鲜明的、多元化的个性的人，在于促进人的全面发展，实现教育目标等，而不是生产统一的、服从的、标准化的人才。

## （二）"以人为本"的学生管理尊重学生的主体性

主体性，从根本上说，就是人（主体）区别于客体（自然）而有别于动物的基本属性。那么怎样才能体现人的主体性呢？马克思主义认为，只有体现在人同客体的相互作用中所表现出来的自主性、能动性、创造性才是人的主体性的特征表现。[①]学生在学校中的主体性，正是通过"三性"（自主性、能动性、创造性）而表现出来的。

传统的管理模式认为规章制度是神圣的，是学生管理的中心环节，没有规矩不成方圆，制度是管理的保证，制度是铁定的、不可通融的，制度面前人人平等。反映在学生管理中就是实施"管、卡、压"的手段，这种管理方法实际上忽视了学生是一个具有自主性、能动性、创造性的主体。

如果学生管理离开了学生的积极参与，再好的管理制度也不会取得好的成效，也就是说，要取得良好的学生管理成效，必须调动学生参与学生管理的积极性，尊重学生的主体性。尊重学生的主体性就要求我们对学生管理时贯彻"导之以行，晓之以理，动之以情"的原则。

---

① 屈善孝，梅子健. 高校学生管理法治化研究 [M]. 北京：经济日报出版社，2010.

人本管理对学生的管理，既可以通过制定、实施一系列的规章制度和管理措施来指导、约束、控制、规范学生的行为，也可以通过对环境的影响力和教育的影响力，对学生的管理产生潜移默化的影响。但这些只是影响学生管理的外部因素，外部因素只有通过学生的自觉性和积极性等内因才能被学生自觉地接受，在主观上加以认识和理解。因为学生管理不可能把社会的思想意识、行为规范简单地直接移植到学生个人身上，而是让学生在管理过程中能够自我反思、自我教育、自我激励，使学生树立自强、自立、自律的观念。以人为本的学生管理的对象是人，所以学生管理活动的实施对象是有思想、有独立人格，具有主动性、自主性和主观能动性的不断成长、发展着的人。每个学生都具有自己独立的人格、尊严和个性的需要。所以以人为本的学生管理是围绕激发和调动学生的主观能动性为核心的，尊重和发扬学生的主体性。并且以人为本的高校学生管理尊重学生、理解学生、服务学生、相信学生，最大限度地发挥学生的主动性与创造性，强调学生是学生管理的主体。

### （三）"以人为本"尊重学生的个性发展

个体性是指个体在自然素质（又称遗传素质）的基础上，通过个体的活动、接受教育和社会环境的影响而形成的有个体特质的心理特性的总和，个体性具有先天性、差异性、社会性和可塑性等特征。个性发展的核心是自主性和创造性的发挥。

传统的学生管理忽略了一个明显的事实，那就是学生是一个不断成长发展着的人，是一个由个体性的人向社会性的人的发展成长过程。这导致在学生管理工作中许多教师总喜欢学生循规蹈矩、唯命是从，不能容忍学生的缺点，一旦学生有某些不规矩的地方，便采取一些强制性的教育手段，不仅方法粗暴，而且收效甚微。这种管理模式追求"齐步走""整齐划一"，对学生个体之间差异和个性特征重视不够，因而造就出来的学生都是"千人一面"，缺乏创新性的思维品质，无法适应时代发展的要求。

现代社会既为人的个性发展提供了极大的可能性，也对人的发展提出了更高的要求。现在培养的学生除了应当具有扎实的基础知识和较强的实践能力以外，更要有全面优良的素质和适应社会变化的能力。这就意味着一个人不仅要有强烈的事业进取心、社会历史使命感和责任感，有丰富的想象力、深刻的洞察力和科学精神，有正视挑战、参与竞争、关心他人、合作共事的优良心理素质，而且要有自觉、自主、自强、自信、进取、创新的能力。人本管理思想坚持面向全体学生，为全体学生的全面发展创造相应的条件，但却不是千人一面，而是多样性的因材施教的教育。在全面发展的基础上，注重培养学生的个性特点，不拘一格育人才，最大限度地调动学生学习的积极性和主动性，引导他们主动地去认识自我、反省自我、寻求真理、完善人格，把自己塑造成为具有鲜明的个性特征和良好素质的社会主体，形成人才辈出、群星荟萃的局面。在学生工作中鼓励学生多出头、敢出头，充分发挥学生的专长。这种模式充分尊重学生的个体理性，使其能够自主地为自己确定目标，并为实现这些目标而选择合适的手段，充分地满足学生自己的需要。

## （四）"以人为本"的高校学生管理体现因材施教的原则

"因材施教"是我国古代一条重要的教学原则，是孔子在长期的教学实践中创立的。宋代学者朱熹把孔子这一思想概括为："夫子教人，各因其材。"[①]"因材施教"强调教师在教育学生时，应该根据每个学生的具体情况和特点，如能力、性格、特长、原有基础等，提出不同要求，选择适当的教法，给予受教育者不同的教育，以促进学生的发展。

"因材施教"强调的是教师依据学生的个性特点进行教学。但是在实际的教学工作中，许多教育工作者没有正视学生的主体地位，仅仅把学生当作教学的对象，只看到学生受动的一面，而没有看到学生能动的一面，压抑了学生在教学过程中的主动性与积极性，束缚了学生主体性的发展。体现在现实实践中就是表现出专业设置过细，培养目标单一，教学计划和考核评价标准注重共性和统一，一刀切。受这种传统观念的影响，学校开设什么专业，学生就学习什么专业；学校开设什么课程，学生就学习什么课程，学校安排什么样的教师，学生就听什么教师的课。这样下来，学生完全处于从属、被动的地位，个性发展根本得不到尊重，由此导致学生视野和思想不够开阔，专业素质不高，创新意识和创新能力较弱，难以适应社会和个人发展的需要。

"以人为本"主张"人本位"，强调"学生第一"的办学理念。现在许多大学在办学的过程中就进行了一系列的改革。如实施学分制管理模式改革，学生可根据自身的情况提前毕业或推后毕业；制定了第二专业、辅修专业、第二学位的学籍管理规范，建立了具有约束机制的淘汰制度，并

---

① （宋）朱熹. 论语集注 [M]. 济南：齐鲁书社，1992.

在此基础上试行了学生入学一年后转专业制度；实施了学生先选课，教务再排课制度，赋予学生更大的选择权和自由空间，增强了学生的主体意识；大力开设跨院（系）选修课，放开学生选修范围，鼓励学生在全校范围内任选课程。还有一些高校，为充分利用地源优势，鼓励学生跨院校选课，实现校际教育资源共享；一些学校还实行学生选教师制度，某门课程达不到规定的上课人数，该任课教师将被取消任教资格。这些措施的陆续出台和实施，满足了学生个性发展的需要，尊重了学生的主体性，展现了因材施教的原则。

## （五）"以人为本"强化学生管理的服务意识

传统的学生管理模式所注重的是管理者的优先地位，强调个体对群体的服从，忽视了学生的主体地位和学生的权益，它往往把学生作为规范和约束的对象，要求学生的行为符合社会规范和学校的要求，以"不出问题"作为管理的目标，不注重学生个性和创造性的发挥，忽视学生自由而全面的发展，这种管理模式既不适应目前高等教育所面临的新形势，也不利于强调创新精神的素质教育这一人才培养模式的构建。

《中华人民共和国高等教育法》（以下简称《高等教育法》）明确规定，教育属于第三产业，即服务行业。高等院校既然属于服务行业，就要努力增强服务意识，提高服务质量。在现代市场经济社会中，有不少学者把学生和学校的关系比喻为买方和卖方的关系，即学生作为消费者进入学校，有权利要求管理者提供给他所真正需要的服务。所以，学生管理工作者必须正视学生的这种权益意识，在给学生提供图书资料和网络信息、社团活动和文化体育娱乐、生活和就业指导等诸多方面的服务时，充分尊重学生的主体地位，注重学生个性和创新性的发挥。

当把学生理解为买方，特别需要注意的是他们的特殊性，他们在身心方面都还没完全成熟，缺少人生的经验，需要学生管理工作者给他们提供一种特殊的成长服务。成长服务包括心理咨询，世界观、人生观和价值观的指导，个人潜能发展的引导以及个人权益的维护等。这就要求学生管理工作者具有一种高度的责任心，为学生的发展所必备的独立人格、人文素质、正确"三观"和创新精神的塑造与培养提供帮助，这样体现了"人本位""学生第一"的办学理念。

## 四、构建"以人为本"的高校学生管理模式

### （一）重新认识和理解学生的本质

高校学生的管理工作，不管是制订工作计划还是安排工作任务，或是选择管理的形式和内容都离不开对学生的了解，离不开对于学生遇到的问题的思考。我们知道，每一个单独存在的个体都有自己独一无二的具体的需求。当然，个体的不同需求并不是孤立于整体而存在的，它和整体之间存在着必然的联系，二者相互影响、相互作用。在高校学生管理的整体中，学生作为一个独立的个体，他对于周围环境的感受，对于自己在学校的位置，对于高校学生管理产生的效果都会产生影响。如果不重视对这些要素的认知和把握，高校学生管理就会失去活力和存在的价值。所以学生的个体情况必须引起我们的重视，重新认识个人需求在管理中的重要性，认识到个

人需求是不断发展变化的，只有这样高校学生管理才可以明确目标，逐步改善，进而实现高效管理。

## （二）高校的管理方略要以学生为中心，鼓励学生开展自我管理

要将这一模式贯彻下去，学校必须做好充分的准备，具体要做到以下几点：首先，努力创造宽松、和谐的校园环境，营造学生自我管理的氛围。为学生提供优良的文化环境是高校的责任也是实现学生自我管理的基础。对于可以对学生产生深远影响的同时学生也对其产生影响的校园文化环境，高校必须给予足够的重视。学校的文化环境应该尽量宽松，使学生可以自由地成长并且可以弘扬学生的主体精神。其次，对于现存的学生管理结构进行改革，创立学生自我管理制度。作为自我管理的主体，要求学生要充分发挥自身的创造性和责任感。成立专门的机构为学生自我管理的正常开展提供保障，并且保证学生自我管理形成制度化和常规化。

## （三）实现学生管理方式的不断创新

高校的学生管理方式是否科学和合理，对于学生的发展和培养起着关键的作用。因此，高校的学生管理要注意以下几点：首先，重视教师的作用，关注其对于学生的潜在影响。在人本主义心理学看来，将道德的理念教育与实践相结合，将其融合在日常教学活动中是最好的道德教育方式，有助于学生在不知不觉中完善自己的人格。其次，采用合理的教育方法和形式，使其与教学目标和内容相适应。结合大学生的心理特点和认知能力的特征，关注学生的真实生活体验，从他们的体验出发去帮助他们完善自己的价值观、人生观和世界观，帮助他们学会思考和判断，具备独立生存的能力。

同时要发掘学生的优势和自身的管理能力，促使他们在自我管理中培养和提高自身的综合素质。

# 第六节 目标设置理论下的高校学生管理模式

在高校中，辅导员是学生管理工作的组织者、实施者和指导者，是从事学生管理工作的一线人员，辅导员与学生走得最近、接触最多，辅导员对学生了解最多、影响最大。所以，辅导员的管理思想和管理方法直接影响着高校整个学生管理工作的质量和水平，只有将目标管理理论应用到辅导员的日常学生管理工作中，才能指导工作实践，不断提高高校学生管理工作的质量和水平。

## 一、目标管理理论的特点

目标管理理论是由美国管理学家彼得·德鲁克根据目标设置理论提出的目标激励方案，目标管理是企业组织或管理者运用激励机制的作用，以组织目标的设置和分解、目标执行过程中的跟踪控制、目标执行成果的奖惩为主要手段，把组织目标转化成被管理者的目标，通过员工的自我控制、自我管理来实现组织经营目的的一种管理方法。目标管理理论主要有以下几个特点：

1.目标管理不是对目标的管理，而是通过目标实现管理。

2.变"压制式"管理为"参与式"管理。德鲁克认为，组织必须将自己的目的和任务转化为目标，管理者和被管理者必须一起制定组织的总目标，然后将总目标分解为各职能部门的分目标。<sup>①</sup>在目标的制定和分解中，必须全员参与，重视被管理者的主体地位，被管理者在其中有充分的发言权和自主权。

3.让员工自己管理自己，变"要我干"为"我要干"。目标管理理论认为，个人目标和组织目标是统一的，完成组织目标就是完成个人目标。在目标实施阶段，它强调：管理者必须下放权力，充分信任一线人员，发掘员工的工作潜力，使他们进行自我控制、自我管理，独立自主地完成各自的任务。在目标成果评价阶段，它强调：每个管理人员和员工完成的分目标就是他们对组织的贡献，成果评价和奖惩必须严格按照每个人的目标完成情况和实际成果大小来进行，以激励其工作热情，充分调动员工的工作自主性、积极性和创造性。

## 二、高校学生管理工作困境呼唤目标管理

高校学生管理工作与目标管理理论的有机结合，是由目标管理理论的特点和高校学生管理工作的困境决定的。

在高校，辅导员的学生管理工作一直面临着两大困境：一方面，辅导员和学生朝夕相处，与学生之间建立了密切的关系，从入学环境的熟悉，到生活上琐碎事情的解决，以及专业学习的咨询，学生有事就找辅导员。所以只要与学生沾边的事情辅导员都要去抓、去管，这种工作现状常常致

---

① （美）彼得·德鲁克.管理的前沿[M].许斌译.北京：企业管理出版社，1988.

使辅导员的内心处于一种矛盾状态：自己的工作职责究竟是思政教育还是学生管理？还是两者兼而有之？如果两者兼而有之，那么日常工作的重心该如何权衡？这种矛盾心理会在实践中严重影响辅导员的工作效率和工作水平。另一方面，在高校学生管理工作实践中，专职辅导员的师生比设置不低于 1 ∶ 200，再加之学生事务的琐碎，所以辅导员的工作量很大，工作任务也较繁重，在这种情况下，如何保证学生管理工作的质量和水平又成为辅导员面临的另一困境。

## 三、目标管理在学生管理中的具体运用

首先，确定目标管理的推行范围。确定目标管理的推行范围，就是选择目标管理的推行受众。高校学生管理工作实践表明，大一学生是目标管理最适合的推行受众。与其他年级学生相比，大一学生有一个明显的特点，那就是他们在各个方面（如学习、交友、工作、对未来的期望等）的积极性和热情都要明显高于其他年级。而且有一项研究表明，较其他年级学生，大一学生的各个目标设置水平都要偏高，这些目标包括学习目标、社交目标、社会责任目标以及未来发展目标等。这主要是因为大一学生都是刚踏进大学校门的新生，他们对大学生活充满了各种期望和设想，他们的世界观、人生观和价值观还都处在理想和现实的边缘，所以，大一学生的特点决定了他们处在目标教育的关键时期，是辅导员进行目标管理最恰当的推行范围。具体推行过程中，辅导员应该采取分班级渐进式推行。

其次，加强对学生的宣传和教育。宣传和教育的目的是让学生对目标

管理有充分的了解，为后续目标管理的顺利进行打下基础。在这一阶段，辅导员需要做以下几点工作：一要对传统的班级管理干部即班委的成员和结构稍做调整。班委成员的确定原则是简洁高效，班委的组成结构是三级制，班长、团支书下设学习委员、宣传委员和组织委员各一人，然后下设各学习小组组长，学习小组以宿舍为单位组建。二要明确宣传教育的主要对象。虽然大一学生都是辅导员宣传教育的对象，但宣传教育的主要对象应该是班干部，因为他们能否正确理解和执行目标管理对其他学生理解和执行目标管理具有重要的影响。三要明确宣传教育的内容。宣传教育的主要内容是"什么是目标管理"以及"如何具体执行目标管理"，教育重点是让学生清楚目标管理较之传统管理的优势，让学生明白目标管理与他们自身学习发展的关系。四要选择合适的教育方法。宣传教育要层层推进，责任到人。辅导员对班干部要进行重点培训教育，对全体学生可以采取讲座或印发宣传手册的方式进行。同时，各班班干部要采取班会、板报等形式对本班学生进行有针对性的宣传教育，学习小组组长要负责对本小组成员的宣传教育。

第三，师生共同制定发展目标。目标的制定过程是师生互动的过程，在这个过程中，辅导员需要注意以下几点：

1. 目标一定是学生自主制定、自愿执行的。

2. 目标包括长期目标和短期目标。长期目标是短期目标实现的结果，短期目标是根据长期目标制定出的分阶段目标即学期目标。

3. 辅导员要充分发挥引导作用。辅导员要向学生不断地进行政治目标、职业目标以及专业目标等关于大学生自身发展目标的教育，并通过问卷、班会、个别交谈等形式，了解学生的情况，了解学生的意愿、志向，帮助学生分析，引导学生"设计"自己的前途：我要成为具有怎样的素质和道德修养的人（思想道德发展目标），成为具有怎样的智能和专业素质的人（专业发展目标），成为具有怎样的身体素质和心理素质的人（身心发展目标）。

4.师生共同制定出的目标要具备三个特征：一要可量化，目标数量不宜过多，并有轻重缓急之分；二要具体化，特别是短期目标；三要有可行性，目标不能好高骛远；四要有适度挑战性。

第四，控制目标执行过程。目标制定后的关键步骤在于践行。在这一阶段，辅导员和班干部要做好过程控制工作，即做好目标执行过程中的监督、检查和调整工作。过程控制的首要目的是及时发现并修正目标执行过程中的偏差，同时要重点帮助特殊群体，鼓励学生持之以恒。为做好过程控制工作，辅导员要充分发挥班干部特别是学习组长的信息桥梁作用，及时、全面地掌握学生目标执行动态，定期召开动员会、交流会，并做实月汇总、月考核、月反馈工作。

第五，考评目标执行结果。目标执行结果的考评是一个总结、评价与反思的过程。它既是本轮目标管理的终点，又是下一轮目标管理的起点，发挥着承上启下的重要作用。这一阶段辅导员需要把握好三点：一是考评的奖惩标准一定是事先和学生共同商定的，辅导员不能随意更改；二是考评工作一定要及时做，否则其激励作用就会大打折扣；三是考评的目的不是简单的奖优惩劣，而是要实现学生的成长、进步，所以对于目标执行结果不理想但在目标执行过程中态度端正、积极要求上进的学生，也是我们奖励的重点对象。

# 第四章　大学生奖励与资助工作管理创新

# 第一节　大学生奖励制度概述

## 一、高校大学生奖励制度基本特点

奖励制度是激励机制中最为基本和主要的形式，是以素质教育为基础，围绕服务大学生为中心，通过行之有效的教育管理引导手段，实现其国家高等教育培养目标的战略计划。高校大学生奖励制度即高等院校中的教育管理者运用各种刺激手段，满足学生的心理需求，继而激发学生的主动性、积极性、创造性，使之形成内在动力，引导学生按照国家教育高等人才的方针政策和高校培养人才的期望目标前进的教育管理制度。高校大学生奖励制度是提高大学生思想政治教育和管理工作效果的一种强有效的体系和制度，其本质就是使高校大学生由被动变为主动地按照国家教育方针政策进行个体塑造。对于奖励制度来讲，高校大学生奖励制度有其自身的特点。大学生是特殊群体，在高校大学生奖励制度的运行过程中，势必呈现出自身的特点。

### （一）从时间上表现为持续性

高校大学生奖励制度具有持续性。高校大学生奖励制度具有效能持续的特点，从受奖励个体的优异表现得到奖评认可时刻起，受奖励个体的内心积极性和满足感会达到顶点，通常这种荣誉会使受奖励个体为证明自身的榜样价值而再接再厉，根据个体差异，这种效果会一直持续或是逐渐减弱。而在一般情况下，受奖励个体会以同等或更高标准来衡量个体本身，追随或超越个体的优秀表现，甚至当荣誉被替换时，也会以身作则，不辜负曾经的认可，以此来证明个体的榜样价值，为此后保持荣誉和再次被奖励做出最主动、最积极的竞争姿态。

### （二）从广度上表现为辐射性

高校大学生奖励制度具有辐射性的特点，主要表现在两方面。其一，受奖励个体自身由点奖励辐射为线奖励的期望值增高。一个方面受到了奖励，个体会希望不仅仅受到单一方面奖励，还会对多重奖励产生期许，会产生一种不仅在这方面表现优秀其他方面也要树立榜样的效应，继而增加受奖励个体的积极性。其二，我们应该肯定的是，受奖励个体在群体中无限的榜样力量，会带动一部分人的积极性。奖励一小部分人，鼓舞一大部分人，刺激学生的竞争和渴望心理，从而大大地增加群体的主动性和效仿性，增加奖励制度的效能，从而有力地推进全面人才培养目标，这也与我国素质教育培养高等人才的方针政策相吻合。

### （三）从主体上表现为权威性

高校大学生奖励制度具有权威性，这是由实现奖励工作的必然条件决定的。高校奖励制度之所以具备权威性，是由大学权威性牵引的。大学是在一定的历史和社会背景下，凭借国家、社会赋予的教育权力产生的，而高校权威则是教育得以实现的基础和保障，它是影响和改变大学生心理、行为的一种支配力量。其实无论哪一种奖励，国家政策性的、学校自发行为、企业或者社会组织，对于高校大学生来说都具有权威性，使之对结果不容易产生怀疑，同时会给受奖励者带来足够的心理需求。

### （四）从目的上表现为能动性

高校大学生奖励制度具有能动性。高校大学生奖励制度的培养对象即大学生，高等教育与非高等教育的教育方式的不同就在于由传统的言传身教模式逐渐向自学转变。独立探索、独立钻研成就人才，高等学校的教学任务则更偏向引导。这就要求大学生在大学学习生活期间要高度发挥个人的主观能动性，而高校大学生奖励制度最大的特点恰恰是充分调动学生的能动性，提高大学生自我认知和自我改造能力，是挖掘大学生自主学习、自主创新、自我完善的主要机制。通过科学的竞争机制，大学生的内在潜力得以发挥，主观能动性被调动，这有利于实现高校引导管理的根本目的。

### （五）从效能上表现为流动性

高校奖励制度具有流动性，这是由奖励制度的效能决定的。奖励制度的机制运行，会在高校中形成你追我赶的竞争局面，同时也是借助高校奖励制度这个平台，发挥每一个学生各方面的优势，使他们积极参与，共同推进高校工作的快速稳定发展，为学校教育教学工作和广大学生全面发展服务。所以，奖励的对象不可能也不会是恒定的，学生要想使流动的奖励对象变得固定化，势必要加倍努力，奖励必定会在更为突出的个体中实现。这就与奖励制度的目标相一致，奖励制度的流动性是在奖励制度公开、公平、公正的原则上实现的。

## 二、高校大学生奖励制度的分类

高校奖励制度按照其自身性质和特点有其分类。剖开奖励制度的外表，全方位分析归纳奖励制度的内核，以分析和把握大学生的需求，更好地推进奖励制度改进，完善奖励制度设立环节和评定结果。

### （一）纵向上分为物质奖励和精神奖励

根据奖励的方式、载体，从纵向来看，高校奖励制度分为物质奖励和精神奖励两种。这也是奖励制度的一般分类形式。物质奖励，即能够满足人的生理需要的奖励，包括奖金、奖品等。精神奖励，即能够满足人的心理需要的奖励，包括奖章、奖状、嘉奖等。物质奖励和精神奖励是高校奖励制度的两种基本分类，也是高校教育者关于学生思想工作的基本方法，必须正确理解和把握这两种激励方法。马克思主义认为，人的需要是驱使人从事劳动创造活动的最终动因。[①]而奖励的目的就是要肯定人们的正确行为，满足人们的需要，这样才能调动人们行为的最大积极性。由于人是物质和精神两者的统一体，人们所产生的需要既有物质方面的内容也有精神方面的内容，所以可以说各种各样的需求也无外乎物质需求和精神需求两种，正因为如此，奖励分为物质奖励和精神奖励。物质奖励和精神奖励是辩证的、对立统一的关系，物质奖励是精神奖励的物化，精神奖励是物质奖励的升华，二者相辅相成，缺一不可。物质奖励中包含着精神奖励，精神奖励也离不开物质奖励。单讲物质奖励不讲精神奖励，有可能暗示人们

---

① 中共中央马克思,列宁,恩格斯,斯大林著作编译局译. 马克思恩格斯全集（第32卷）[M].北京：人民出版社，1974.

放弃精神追求，从而形成物化主义、急功近利的风气；但如果只注重精神奖励，而不注重物质奖励，则又可能引导人们纸上谈兵、不务实际。因此，在实际工作中应该把物质奖励和精神奖励合二为一地看待，用一方面肯定另一方面，用一种形式肯定另一种形式，力争用辩证唯物主义观点，实事求是地对待物质奖励和精神奖励。

## （二）横向上分为多元奖励

根据奖励的结构、需求，从横向上来看，高校奖励制度可以分为个人奖励、集体奖励、学习奖励、精神文明奖励、艺体奖励、卫生奖励、贫困学生奖励、校级奖励、社会奖励、省市级奖励、国家奖励、跨国奖励、全面奖励及特殊奖励，等等。各种横向奖励是遵循国家高等教育政策的方针和原则，并结合和发扬自身学校特点所决定和设立的。高校思想教育者不仅要重视国家级奖励和学术奖励，也要重视基层奖励和非学术奖励。这不仅是因为高校秉承着素质教育的出发点和落脚点，同时马克思主义认为，要注重量变，量的积累才能有质的飞跃，坚持两点论和重点论的统一，高校奖励要注重百花齐放和特色发展相结合的工作方法。[①] 无论是哪一种横向奖励，都是从一个方面或是全方面考察和评定个人或集体的优异成绩，并且按照高等教育的实时发展而更加科学全面。

## 三、高校大学生奖励制度的意义

高校大学生奖励制度是通过一套理性化的制度来反映激励主体与激励

---

① 中共中央马克思，列宁，恩格斯，斯大林著作编译局译. 马克思恩格斯全集（第32卷）[M]. 北京：人民出版社，1974.

客体相互作用的方式。高校大学生奖励制度的构建是以制度化建设为基础，以大学生为中心，以大学生的发展为主线，以培养大学生的主体性为目的。作为一种高效的管理机制，它势必会产生深远的教育意义。

## （一）提高高校管理者教育引导效果

奖励制度是高校管理机制中行之有效的一种引导教育的方式和手段，思想政治教育者的工作重点就是要教育引导学生沿着预设目标方向不断发展。奖励制度可以说是一条快速绿色通道，用激励的方式达到育人的目的，彰显高校教育管理的活力。

1. 有利于高校教育资源优化配置

高校大学生奖励制度作为教育资源，具有导向性。充分发挥高校现有的教育资源，合理利用和控制教育的投入，以提高教育资源利用率，培养优秀人才，全面贯彻教育方针。

2. 有利于提高教育管理水平

高校大学生奖励制度作为高校工作管理的一种手段，其高效科学运转需要高校各个制度、规定形成一个相互交织、共同协作、环环紧扣的链条，高校管理者对其进行宏观调控。奖励制度的推进可以为管理者提供快速有效的学生工作管理依据，提高学校的管理水平，促进学校管理的科学化、合理化，提高教育质量，增加教育效果。这必然会推动学校管理者尊重教育教学规律，不断总结经验，改进教育教学管理工作。

## （二）创造自我激励的良好校园氛围

高校大学生奖励制度的目的就是用对成绩优异学生的奖励实现高校的

有效管理。这有利于培养学生积极探索的学习精神，求实务实的科学态度，勇于开拓创新的竞争意识，严肃认真的治学风格，团结友爱的协作作风和营造良好的校风学风。在这种良好氛围的引导下，受教育者受到教育、影响和洗礼，加之奖励工作的进行、激励效能的辐射，使受教育者形成自我激励的学习情绪和主动进取的积极性，并且稳定持续地发展下去，良好的外因与积极的内因相融合，有利于学生的长远发展。

### （三）适应精英教育向大众教育融合转变

素质教育要求我们全面培养多方面高素质人才，这里的全面不仅指的是教育的深度，也包含了教育的广度。奖励制度的完善，让表现突出的学生得到应有的奖励，其他学生也能发挥所长，让精英教育与大众教育相融合，二者齐头并进，沿着国家制定的教育方针政策之路奋勇前进，对于大学结构的发展和完善，具有深远的意义。

# 第二节　高校大学生奖励制度现状

我们国家一直以来都十分重视高校大学生奖励制度的建立与完善，以不断地适应政治经济社会的全面发展。高校大学生奖励制度作为我国高等教育制度的内在组成部分，它既是当代大学制度不可缺少的内容，也是提高我国高等教育质量不可或缺的手段，更是培育优秀建设者和可靠接班人的坚实制度保障。

## 一、我国高校大学生奖励制度的发展

中华人民共和国建立伊始，我国高校大学生奖励制度在继承以往制度的基础上做出了巨大的革新，不断发展、曲折前进，这一过程并不是一帆风顺的，它经历了初步形成、陷入低谷、复苏发展的历史进程。十一届三中全会以后，我国高等教育开始不断地进行自我修复和重建，在这一过程中也不断寻找科学、先进和完备的高校大学生奖励制度与奖励模式。随着高考的恢复，高等学校必须保证有正常及健全的奖励制度与规章来予以维护，这一时期我国高校大学生奖励制度发展的主题即改革已有的高校大学生奖励制度，在实践中不断探索与完善各项规章制度以适应高等教育及其奖励制度发展的新形式。1983 年《全日制普通高等学校学生学籍管理办法》中首次对高校大学生奖励制度进行了全面系统的规定。例如，对德、智、体全面发展或在思想品德、学习成绩、身体素质某一方面成绩优异的学生，可分别给予"三好学生"称号或其他单项荣誉称号；奖励采取精神鼓励和物质奖励相结合、以精神鼓励为主的办法。表扬和奖励的途径有口头表扬，通报表扬，颁发奖状、证书、奖章、奖品或设置不同等级的奖学金等。伴随人才强国战略的出台，党和国家制定了诸多有关高校大学生奖励工作的制度章程，形成了以《高等教育法》和《普通高等学校管理规定》为基础的中国特色社会主义高校大学生奖励制度体系，为我国深化高等教育奖励制度、加强和推进大学生思想政治教育、推动大学生全面成长提供了重要理论依据。习近平总书记也指出，办好中国特色社会主义大学，要坚持立德树人，把培育和践行社会主义核心价值观融入教书育人全过程；强化思想引领，不断改革和完善高校体制机制。[①] 所以，随着时代发展和高等教育新变化，现行高校大学生管理制度面临新的挑战，需要新的思路和新的规则。

## 二、高校大学生奖励制度存在的问题

随着大学生思想特点和价值取向上的显著变化，高等教育奖励制度势必呈现出一些不足之处，客观理性地分析这一机制在运行中存在的不足对完善和创新奖励制度尤为重要。高校大学生奖励制度的最终目标是为贯彻我国教育培养人才战略的最高指示。目前，高校大学生奖励制度体系章程结构不合理，阻碍了高校人才的资源配置，破坏了优胜劣汰机制和良好的竞争环境，降低了教师和高校制度管理者甚至是高校本身的威信。高校大学生奖励制度评选过程不严谨，出现有悖于高校健康、有序、高效运转的现象，降低了高校科学发展水平，减少了高校科研项目成果的涌出。随着我国经济的不断增长和高等教育的改革发展，社会转型期的大学生在思想特点和价值取向上的新变化显著，结合当前大学生对我国高校大学生奖励制度的认同程度，我们发现现有的奖励制度呈现出一些问题。作为思想教育工作者，深化对高校奖励制度的认识，客观理性地分析这一机制在运行中存在的问题，才能进一步完善和创新奖励制度，大大地提高教育管理的实效。

---

① 习近平. 牢牢把握高校意识形态工作领导权 [J]. 紫光阁，2015（2）：1.

## （一）奖励体制不健全，奖励制度建设落后

目前，从外部看，高校大学生奖励制度还没有完善的法规可以依据，可以参照的国家制定的高等教育奖励原则也不完善。从学校内部来看，评奖工作的管理体制不顺，条块分割、奖励制度建设落后，学校缺乏奖励工作的综合管理，奖励工作不规范，奖励规模过大或过小，奖励标准过高或过低。高校大学生奖励制度不仅仅是某一个部门的责任和工作，也是整个校园网络全局的结果。落后的高校大学生奖励制度建设，成为高校大学生奖励制度机制运行的一大阻碍。

## （二）对奖励制度的认识存在误区

对于受教育者来讲，对奖励工作的认识存在着片面性。主要表现为，首先，高校大学生奖励制度大大增加了学生之间不平等竞争的机会。部分学生认为，在目前我国校园生活、学习中，已经出现了学生之间的不平等，而高校大学生奖励制度，则大大增加了这种不平等，严重挫伤了学生学习的积极性和主动性。他们认为，高校大学生奖励制度只针对"好学生"，致使成绩好的越来越好，差的越来越差，中低流学生年年都是"绿叶衬红花"，甚至还会认为奖励对象都是"铁打的"或者是一些"关系户"，自己可能被奖励制度拉入了黑名单，连门槛都看不见，不如随意发展。其次，高校大学生奖励制度导致学生之间互不信任、盲目攀比。高校大学生奖励制度是建立在竞争机制之上的，也就是说，没有"海选"，哪来的"冠军"。高校大学生奖励制度的效能之一的确能使得学生之间形成你追我赶的优良氛围，大力激发学生要求进步的主动性，但那是建立在互帮互助、团结友

爱的基础上的。而一些急功近利的学生则表现出了盲目攀比的心理，把受到奖励作为自己在大学生活、学习的出发点和归宿，对同学的请求不理不睬，对自己的些许成绩守口如瓶，只为"排除异己"，独放异彩，甚至世界观、人生观、价值观严重扭曲。最后，不能正确处理物质奖励和精神奖励之间的辩证关系。无论是重视物质奖励，还是重视精神奖励，都是犯了唯心主义和形而上学的错误。有的学生认为，我努力为的就是能得到一些奖金或者物质奖励，能让我实实在在看到自己努力的结果，把成果牢牢地抓在手里，精神奖励对于我来说无所谓。有的学生认为，我奋斗为的就是能让我名声大噪，让大家都了解我的优异表现，我会感到非常光荣，物质奖励对我而言如"粪土"。他们割裂了物质奖励与精神奖励的辩证关系，把二者对立了起来。其实，精神奖励要用物质做载体，物质奖励要用精神去传播，二者从未分离，只是表现形式有所不同。这也是目前我国高校大学生奖励制度逐渐向多元化发展的原因之一。

教育管理者对高校大学生奖励制度的认识也不够全面，受教育者已产生一些狭隘的竞争观。教育管理者只是把奖励制度当作一项任务来完成，国家怎么制定，学校就怎样制定，全程照办甚至全程照搬，无须顾及其他，而对于奖励制度是否发挥其最大效能，更是无人问津。教育管理者对于奖励制度想法的片面及态度的疏忽，导致奖励制度未能完全体现出它在高校管理体制上的优势。

## （三）奖励方法不当，奖励过程模糊

1. 奖励随意性突出，缺乏民主程序

我国目前的高校大学生奖励工作往往只重视下达奖励指标，完成奖励工作任务，是否做到公开、公平、公正，无人知晓，随意性突出，民主化程度不够。高校大学生奖励制度的流程可以大致归纳为：制定—评选—通知—奖励。受教育者在奖励工作中完全处于被动状态，有些高校的评奖工作完全是封闭的，甚至是说你行你就行、说你不行怎样都不行的"暗箱操作"评奖方式，让受教育者一头雾水。有些高校在奖励过程中没有严格按照有关法规和政策进行奖励工作，没有按程序办事，导致奖励制度失去严肃性和权威性。此外，在奖励过程中没有走群众路线，没有广泛地征求学生的意见，没有民主评议，该评奖的没有评奖，不该奖的反而被奖励，有奖励项目无人达标时硬评。久而久之，失去了奖励原有的效能，甚至产生负面影响。

2. 奖励滞后性突出，缺乏最佳时机

在高校大学生奖励工作中，不同程度地存在奖励不及时的现象。正如战斗有战机，经商有商机，同样，奖励也应有它独特的时机，时机把握不好，不仅达不到激励的目的，还会削弱激励的效果。一部分奖励项目是在期末或者一段学习时期统一奖励，这种"迟到的祝福"似的奖励，会让学生觉得画蛇添足，失去了奖励的意义。"赏务速而后有劝""过时而赏与无赏同"，及时的奖励，才能达到奖励的效果，迟到的奖励和不奖励往往在效能上呈相同的趋势。因为奖励与被奖励的行为之间间隔时间越长，二者的关系就越模糊，奖励的有机效能就越弱。及时地给予奖励，才有利于强化学生的进取精神，形成良好的校园风气。

高校现行的大学生奖励制度通常是将上一学年学生的优异表现评定出

结果并在既定的时间发放奖励，也就是说，无论下一学年评定出的优秀学生是否努力上进、保持优异表现，奖励结果通常不变，这就出现了奖励静止状态。虽然奖励是对学生上一学年的突出成绩表示肯定，但往往造成学生形成能得一次是一次的心理，断开了奖励制度本身应有的因果联系，使其奖励作用受到限制，未达到奖励应有的效果。

3. 奖励的度把握不当

适当的奖励能够全面激发受教育者的积极性，但过度的表扬只能是夸大事实，引发受奖励者骄傲自满的情绪，严重打击旁人的兴趣，甚至会让旁人认为奖励制度不公平，导致奖励制度产生负面影响，而未达到奖励应有的度。比如，一些得来不易的奖励名目，奖励结果可能只有一纸奖状或是通报表扬，无实际利益奖励的虚奖；或是有一些实质利益奖励，发放的奖学金微乎其微，甚至不及学生做兼职的收入。这样的奖励结果一则让受奖励者认为自身价值没有被得到充分的认同，产生失望情绪；二来让旁人认为这种奖励根本不值一提，丢掉了奖励制度本应产生的激励效能。如果受奖励者的平均期待值和奖励结果成正比，通常奖励效能倍增；如果奖励结果低于受奖励者的期待值，奖励效能便会被大大削弱。

4. 重结果，轻过程

这是高校大学生奖励制度工作中很主要的一种弊端。大家把重点都放在了奖励上，谁得到了奖励，得到了什么样的奖励，而受奖励的过程，教育管理者和受教育者都没有给予足够的重视。同一个奖励项目，有的学生轻而易举得到奖励，有的学生比常人付出多几倍的努力，也未能推开奖励的大门。作为公平的奖励制度，我们确实应该奖励达到奖励目标的学生，但个体存在差异，每一个人的能力是不同的，但我们要看到的是，正因为每个人能力不同，对于奖励项目的追求背后所付出的努力也是不同的。在对达标者进行奖励的同时，我们也不能忽视了其他努力付出的学生，这也正是与奖励制度的目的和作用相吻合的。

5.奖励效能的有机结果发挥不充分

高校大学生奖励基本上分为直接发放到受奖者本人的"神秘"方式、班系院校的集体发放方式、年度重点性表彰大会发放方式几种途径。就算是表彰大会，授奖过程通常也是走走形式，领导颁颁奖，大家合合影，代表发发言而已，没有把奖励制度与良好的校园氛围有机地结合在一起，舆论营造形式枯燥单一，没有起到奖励结果承上启下的关键作用。

### （四）奖励内容片面，不注重个性发展

在提倡素质教育的今天，培养新型高素质全面人才，是我国教育政策的出发点和落脚点。然而，目前高校大学生奖励制度与素质教育的核心不能完全吻合，执行过程中出现与素质教育相违背的地方，由此带来的负面效应对学生的成长和今后的发展产生深远影响，同时也使得高校大学生奖励制度的运行和发展受到不良影响。素质教育培养人才的目标在于促进学生德、智、体、美、劳全面发展，它强调学生道德素质、知识累计、能力培养、个性发展、身体健康和心理健康的均衡发展，个体的思想和行为方式得到充分的尊重。在我国现行的教育体制中，思想政治教育者通常是"重主流，轻非主流"，这在奖励制度运行的过程中表现得尤为突出。其原因在于，教育管理者认为个性化的受教育者往往具有不愿服从、不切实际、

不合群的特质，而个体所具有的这些特质往往被教育管理者忽略和抹杀，甚至被冠上了"不良特质"的称号。这些个体不仅不被教育管理者看好，往往还会遭到周遭的排挤和孤立，最终导致其独特的思想和行为得不到尊重和认同，个体失去信心和积极性，消极地面对校园生活和学习。体现在奖励制度中，具体表现在学生但凡要参与奖励竞争，就要在思想和行为上"照虎画猫""照葫芦画瓢"，在这样的"激励"政策引导下，学校成为整齐划一的加工流水线。奖励制度的实施目的在于奖励表现优异的受教育者的同时激励鼓舞旁人来效仿，树立积极上进的榜样，但从素质教育的角度出发，教育管理者还是应该充实奖励制度的奖励内容，注重学生的个性发展。个性，即一个人独特而稳定地表现出的在思想、性格、品质、意志、情感、态度等方面不同于其他人的特质。个性化是所有人的存在方式，个性化即代表着与众不同，代表着创造性。强调个性发展是要使学生的全面发展逐渐完善，具有独立的思想和行为方式，体现在奖励制度的机制中，它遵循求同存异的法则。由此可见，在开展奖励工作时，不能只着眼于学生群体主流的发展，还要充分考虑和兼顾学生个体的差异性，真正做到具体问题具体分析，尊重个性发展，也唯有这样才能算是真正公平、公正的奖励制度。

## （五）重物质奖励轻精神奖励

长期以来，我国高校大学生奖励机制的运作方式主要形式就是奖学金。固然奖学金的形式能更好地激励学生，但它忽略了学生对精神层面的追求和需求，同时也忽略了思想教育、精神鼓舞的激励作用，使精神奖励的作用逐渐变小，最终导致不但没有按照奖励制度的出发点和落脚点来做工作，反而在校园中形成了盲目追逐物质和拜金主义的风气。物质奖励与精神奖励是辩证关系，两者相辅相成、缺一不可，物质奖励是精神奖励的物化，精神奖励是物质奖励的升华，二者密不可分，其具体作用是统一的。奖励的前提是了解人们的需要，作为社会上的人，物质需要必然是第一需要。物质奖励的具象化、直接性必然能引起大部分受教育者的共鸣，因为它实实在在地体现了教育管理者对其人身价值的肯定，看得见、摸得着。单就物质奖励来说，物质奖励的效能渗透着精神奖励，不仅使受奖励者得到赞扬和尊重，其他受教育者也能从中找到努力的方向和目标，坚定奋斗的信心和决心，从这个意义上来讲，物质奖励同时也是一种物化的精神奖励。但是，物质奖励中虽然包含着精神奖励的因素，但物质奖励不能代替精神奖励。正如丰富、高尚、积极的精神生活会充实物质生活的意义和促进物质生活的发展一样，精神奖励虽然不像物质奖励那样具象化，但它仍然能充分地体现受奖者所获得的荣誉。精神奖励看似是无用之物，事实上，它是受教育者通过自身努力拼搏而获得成功的标志，是对个体自我价值的最大肯定。唯物辩证法告诉我们，精神一旦转化为物质力量就是最长久的动力源泉。精神奖励的作用还体现在物质奖励无法满足时，人们便会向更高的精神追求转化。马克思主义认为，意识的能动性是有目的、有选择的，它能够知道和控制人的行为。[①] 精神奖励所代表的荣誉是至高无上的，它能激发受教育者更大的潜能和积极性，从这一点上来看，精神奖励的作用远远超出了物质奖励。

由此可见，我们不能只强调物质奖励而不讲精神奖励，只注重物质奖励，

---

① 鲍学根，秦铭，黄淑琴. 马克思主义哲学基本原理 [M]. 北京：新华出版社，1995.

不注重精神奖励，会形成急功近利、物质主义的风气；同时，也不能不注重物质奖励，只讲精神奖励，因为这样会造成不切实际的奖励制度。"两手都要抓，两手都要硬"，更好地把二者结合在奖励制度的评定过程和结果上，才能稳扎稳打地推行奖励制度。

## （六）在学校、家庭、社会之间未形成庞大的奖励系统

素质教育旨在培养受教育者的智商、情商、专业技能、社会能力等，高校培养人才的目标就是走向社会，这就要求毕业生具有较高的综合能力。而目前我国现行的奖励制度大部分只局限于校园内部奖励或者省级国家级奖励，对于家庭中的人格塑造、社会过渡中的能力培养没有充分的衔接，甚至有所缺失。一方面现行的奖励制度流水型地培养单素质人才，如只要在学校中表现优良，就会得到认可和嘉奖。有的学生在学校是精神文明的标杆，回到家中却是"小王子""小公主"，任性蛮横，根本与校园小先锋形象不符。另一方面，很多品学兼优的学生带着教师的种种期许步入社会，结果却根本发挥不了自身优势，吃尽苦头，甚至被社会淘汰。究其原因，高校大学生奖励制度系统大多只存在于校园内部，社会参与度较低，家庭参与更是寥寥无几。培养全面高素质人才，不仅仅是要从校园生活学习中去"加冕"，更要全面地考虑多方因素，全面考查和培养人才的综合实力，为优秀人才的培养添砖加瓦。

# 第三节　高校大学生奖励制度存在问题的解决路径

随着我国市场经济的快速发展，政治格局日益变化，大学俨然是国家富强的重要保证，而高等教育的发展、校园的良好运行更离不开高校大学生奖励制度的建立和完善。然而，目前我国高校大学生奖励制度存在一些问题，它甚至已经不能很好地适应当今高校的发展。因此，本节试图从以下几方面找出解决问题的途径：奖励制度的体制建设方面，是奖励制度运行的有力保障和参考依据；奖励制度的思想认识方面，是奖励制度在思想上的深入准备；奖励制度的评定系统方面，是奖励制度得以长效有机运行的内在因素；校外教育结合奖励制度，是奖励制度更加完善的外在条件；不断拓展奖励制度新思路，是使奖励制度保持动态活力的源泉。完善高校大学生奖励制度，构建科学的奖评系统，与时俱进地改革创新，不拘一格地塑造培养人才的奖励新机制，对于我国高校教育来说有着重要的现实意义。

## 一、高校大学生奖励制度要坚持的原则

"无规矩不成方圆。"研究高校大学生奖励制度先要掌握好并把握住其理论原则，并紧紧依靠马克思主义观点、立场和方法，秉承着科学严谨的方法和标准，严肃活泼地坚持奖励制度原则以全面生动地落实高校大学生奖励工作。

## （一）坚持公开、公平、公正原则

坚持公开、公平、公正是高校大学生奖励制度最基本的原则，也是保障高校大学生奖励制度能够持续稳定地开展和运行的前提，是进一步促进教育公平的重要体现。公开包括两方面，首先，是高校奖励体制、奖励明细公开。即奖励是什么、为什么奖励、奖励谁、怎样才能获得奖励，在奖励的前期就要做好公示、公开工作，让大学生有计划、有目的地"量体裁衣"。其次，就是奖励工作的过程和结果公开。对于怎么去评定某项奖励和评定奖励的最终结果，更要全面地公开，让学生明白学校评定奖励的步骤，最后看看自己有没有中榜、为什么中榜和为什么没有中榜。公平旨在强调每个人在奖励制度面前的平等权利，人人平等，机会均等，避免不公平对待。公正是指在奖励制度面前要维护正义，防止徇私舞弊，建立良好的竞争机制。

## （二）坚持以人为本原则

以人为本的原则符合国家培养高素质人才的蓝本，合乎人才成长的客观规律。高校教育管理应该逐渐从社会本位价值观向满足社会与个人的平衡发展过渡，把学生的全面发展作为高校发展的终极目标。高校大学生奖励制度中以人为本的需要，就是实现自我价值的需要。自我价值得到认可，被正确地评价，与高校教育发展目标相结合，是实现奖励制度的最根本途径。

## （三）坚持适量适度原则

马克思主义认为，事物是质和量的统一体，认识事物的量才能准确地认识事物的质，在实践中要掌握适度原则。[①] 高校大学生奖励制度也同样要

---

① 国家教育委员会社会科学研究与艺术教育司编. 马克思主义原理教学要点（第3版）[M]. 北京：高等教育出版社，1993.

遵循适度适量的原则。奖励名目的设立不是越广越好，奖励人数也不是越多越好，奖励被控制在一定的范围内，才能保持自身存在的意义，超出了特定的范围，它将会向对立面转化。奖励的数目、奖励的多少、奖励的范围，都是需要从教育管理的环节中细细把握的，在保持奖励的适度的范围内，既要防止"过"，又要防止"不及"。去掉了该奖励的名目或是该被奖励的学生没有得到奖励，容易使其产生前功尽弃的消极心态，亦是不可取的。因此，保持奖励工作平稳持续健康发展，是奖励工作的重点。

### （四）坚持差异性原则

坚持差异性原则即注重学生的个体差异。人与人之间本就存在着个体差异，这就是之所以要培养高素质全面发展人才的原因。素质教育使受教育者全面健康地发展，而在非素质教育中，个性发展很难受到重视，不同的个性需求也很难得到满足，而是常常被扼杀在摇篮里或遭到强烈排斥和修正，这与高校大学生奖励制度的公开、公平、公正原则，以人为本原则相悖。而今的奖励制度中，学生的个性发展得不到彰显，因为在"顺风倒""一刀切"的教育方式引导下，学校变成了整齐划一的流水线。因此，在日新月异的当下，我们更要大胆地赏识个体差异，尊重个性发展，积极地对待求同存异，在奖励制度评价系统的标尺内勇于挖掘新型人才。

### （五）坚持多元奖励原则

人的第一需求即物质需求，这是毋庸置疑的，但同时也要考虑到精神层面的需求。学生的需求是多元的，并且趋于务实，奖励如果仅仅是物质奖励或者是精神奖励一元奖励机制则过于单一，不能满足个体的多元需求。

所以一元奖励机制往往造成奖励效果微弱，也无法提高教育管理效率。因此应坚持多元奖励原则，满足学生的多元需求，物质奖励与精神奖励双管齐下，更加重视精神层面的嘉奖，充分调动人的主观能动性，全面调动学生的积极性，提高奖励制度的效能，实现学生工作管理目的。

### （六）坚持与时俱进、求实创新原则

创新是当今时代的主题，万事万物离不开创新，高校大学生奖励制度亦如此。世界在变，时代在变，学生在变，教育制度也要转变。那么作为高校一种行之有效的管理体制来说，与时俱进、求实创新是它永恒的主题。依据科学发展观，必须坚持全面协调可持续发展，按照人才发展要求，推进奖励制度随着高校实际情况发展完善改进，促进奖励制度的各个环节、各个方面协调发展。现行的奖励制度存在许多不合时宜的弊端，因此只有与时俱进地创新，才能真正地发挥其应有的激励作用。

## 二、深化对高校大学生奖励制度客体的认知

高校大学生奖励制度的客体即大学生。那么，深入了解当代大学生的思想特点及其心理变化是对他们进行正确引导的基础。大学生作为青年的代表，是未来社会建设的一支重要力量，大学时代又是大学生思想政治特点、人格品行和学识形成的关键时期，受高校和社会影响较大。当代大学生是在社会主义市场经济的建立和发展中成长起来的，在思想和行为上不可避免地受到社会主义市场经济和社会政治经济环境的影响，其中有积极的，也有消极的。主要特点表现为：有强烈的爱国热情，但又缺乏坚定的

政治方向；理想信念与道德观趋向多元化；学习能力和实践能力的发展脱节；追求个性，但心理素质较差；情感丰富，但人际关系淡薄；就业困难，心理压力大。结合当代大学生的这些特点，有效地对他们进行教育指导，有助于提高高校思想教育的针对性和实效性。

### （一）深入了解当代大学生的需求并重视其理想信念和精神能量

激励的第一基本要素是需要。所谓需要，是指人们对某种目标的渴求和欲望，是产生动机性行为的原动力。要想使奖励制度发挥最大效能，就必须深入细致地了解每位学生的需要，有针对性地引导其实现目标。大学生的需求主要呈阶段性变化，从新生入学对校园文化和人文环境的需求，慢慢地向专业知识和兴趣爱好的需求转化，再朝着自我肯定与他人评价的需求发展，最后过渡到实践能力与社会认同的需求。这种阶段性需求是由高等教育发展方针、学习程度、个体情况和社会需求等因素综合决定的，最终以实现自身价值为目标。有了需求便产生了动机，而作为高校思想教育者，要想有效地激发大学生成长成才的动机，充分发掘大学生的内在潜力，推动大学生向成才目标迈进，就要时刻督促、激起大学生的心理需求。

重视大学生的理想信念和精神能量，是高校大学生奖励制度的一项重要工作，它对于当代大学生的成长具有非常重要的意义。首先，理想信念能够引导大学生做什么样的人；其次，理想信念能够指引大学生走什么路；最后，理想信念能够教导大学生上什么学。可以说，理想信念犹如黑夜中明亮的灯塔，有了信念做指导，大学生有目的、有计划地去实践，是激发大学生迎接挑战、克服困难，面对奖励等竞争机制的精神支柱和强大力量。

## （二）引导大学生树立正确的竞争理念

奖励制度最主要的实现途径即为竞争。竞争是指个体与个体或群体之间试图超过对方、赢得胜利的心理或行为。竞争能使人勤奋勇敢、充满活力、推动个体快速发展。而过度竞争则会产生很多负面效果，如长期焦虑、脾气暴躁、情绪紊乱、自我否定、自我放弃，甚至诋毁他人等。大学生在竞争过程中往往表现出两种反差较大的情绪。一方面，表现为情感强烈富有激情，这一部分大学生往往对既定目标比较执着、对评价结果期许较高。得到奖励，欢呼雀跃，反之则会形成愤怒激动、自我放弃的心理。另一方面，对奖励激励呈消极心理，不参与、不竞争是他们对待奖励制度的态度。这势必会埋没人才，造成奖励制度不公平的假象，淡化奖励制度的功能，削弱奖励制度的效能。因此，消除大学生面对奖励制度的"亚健康状态"，引导当代大学生树立正确的竞争意识，是实现奖励制度健康发展的重要保障。

1.引导大学生积极面对竞争

竞争是激烈的，但绝不意味着要在竞争面前消极被动。相反，我们应该采取积极的态度来面对竞争。失败不可怕，可怕的是丧失了挑战的勇气。只要努力积极面对，就能够减少失败的因素，增加成功的机会。同时，要引导大学生坚信奖励制度的权威性和公平性。奖励制度的些许偏差可能导致大学生认为奖励制度不公平，也会造成大学生面对奖励制度的消极情绪。此时更要引导大学生重拾对学校、教育管理者的信心——奖励制度是公平公正的，只要通过努力付出，都会有属于自己的平台。

2.引导大学生重视过程

在竞争面前，较之结果而言，更要重视其过程。竞争的目标不是最终的得失，而在于在奋斗拼搏中提升自己。无论奖励结果如何，成与败都能丰富经验和积攒阅历，不能用一次失败来否定自己。只有在竞争过程中奋勇拼搏，才能终将迈向成功。

3.引导大学生树立合作竞争意识

竞争与合作是矛盾的统一体，两者既对立又统一，在社会政治经济飞速发展的今天，现代社会的竞争很多时候已不再是一场"你死我活"的生死之战，更多地表现为双赢。我帮你，你帮我，共同成长，共同进步，通过合作，实现更有效的竞争和发展。

4.引导大学生理性正视奖励结果

大学生中存在着自我评价过高的现象。竞争被奖励，优越感倍增，容易产生骄傲、自满的情绪，进而缺乏进取的动力；竞争失利，容易产生不公平的情绪，对他人和竞争环境做出不恰当的评价，进而看不到自己的不足，迷失了前进的方向。同时，大学生中同样存在着看中金钱奖励的片面观点。其实，无论哪一种形式的奖励，都是对大学生自身价值的充分肯定，无论这种奖励是通报表扬、一纸奖状，还是奖金，都是受人尊敬的。因此，要引导一部分大学生消除"金钱奖励才是奖励"的错误观点，正确对待奖励结果。

奖励制度中的竞争就像是一场和自己奔跑的比赛，而规则是超越自己。正确地对待竞争，使每一个大学生在奖励制度的竞争中不断地提升自己，坚持不懈地奋勇向上，健康发展。

## 三、高校大学生奖励制度的优化、完善

奖励制度的优化升级，最重要的还是体现在奖励工作的运行过程中。认清奖励制度的合理地位，改善奖励工作的方式方法，完善奖励工作的内容，细致深入地体察整个奖励制度系统的细枝末节，抓住奖励制度的激励效能，使之贯穿于奖励工作的始末，不断层，不割裂，以使整个奖励制度运行更流畅、更持续。

### （一）确立奖励制度在大学生教育管理中的合理地位

奖励制度在学校管理中的运用主要是为了提升学校的管理效率，是为管理提供一个更好的手段和方式，是高效率实现学校教育管理目标的关键因素。高校大学生奖励制度作为大学制度中的一个子系统，其地位的重要性是不言而喻的。高等教育的每一个制度都存在着相互影响、相互作用的关系。奖励制度作为学生努力拼搏的助推器、辅助教育管理者进行引导的方式和手段，一直以来都不是独立存在的。它需要学校各职能部门积极配合，通力协作，以完成好奖励工作。高校工作管理者一定要对奖励制度给予充分的重视，做好奖励制度的每一项环节，发挥其应有的作用和功能。同时，也不能过分倚重奖励制度的牵引作用，甚至用奖励制度的评定结果来制约学生的学习和发展。奖励制度在大学制度中的作用是辅助性、引导性，而不是主体性，在教育管理职能面前完成好它的本职任务，不要喧宾夺主；给奖励制度设置一个合理的地位，对于奖励制度发挥其应有的功能具有重要意义。

## （二）建立、健全高校大学生奖励制度

首先，要加强我国高等院校的大学生奖励立法工作，通过立法，使奖励工作有章可循、有法可依，同时也能通过立法来增强各高校自主奖励制度管理的力度。其次，优化高校人才管理职能，强化各部门协调管理、政策法规制定、监督保障等职能。建立高校大学生奖励制度的权利清单和责任清单，清理和规范奖励的各项事宜。再者，保障和落实高校大学生奖励制度自主权，充分发挥高校大学生奖励制度的主导作用。改进高校大学生奖励制度的管理模式，建立动态调整机制，探索创新高校大学生奖励制度的办法。最后，健全高校大学生奖励制度管理服务体系，构建科学、规范、与时俱进的大学生奖励体系，完善人才供求和竞争机制，深化奖励服务机构改革，大力发展和谐良好有序的竞争氛围，放宽奖励结构限制。

## （三）科学地建立奖励制度的标准完善评定系统

"制定好，准备好，不如做得好"，奖励制度亦是如此。要建立科学的大学生奖励制度，就需要较为完善的评价系统做保证，坚持以促进大学生的全面发展为根本，通过综合运用各种方法，激发和调动学生学习的积极性、主动性和创造性。大学生奖励制度建立完善评定系统的途径应从以下几方面进行。

### 1. 民主选评，公平、公正

奖励制度的公平、公正体现出教育管理的权威性和可信程度。首先要做到办事公道，一视同仁地对待每一位学生，目标要明确，执行要持正，不要用有色眼镜去对待部分学生，严肃奖评过程，不讲亲，不讲情，让每

一位奋发进取的学生都有得到奖励的均等机会。同时，要以民主管理为主，也就是说，要提高学生对校园奖励制度的参与度。大学生往往有着独立思考和分析事物的能力，追求美好的事物是他们迫切的愿望。让学生高度参与奖励工作，按照一定的标准和界限民主评议，在此过程中充分调动广大学生的积极性，以使奖励过程更公开透明，结果更使人信服，榜样力量倍增，激励效能增强。

2. 及时奖励，充分发挥奖励效能

榜样是一面旗帜，榜样的力量是无穷的。在奖励制度的评定结果产生后，一定要做到及时奖励，宣传优异。只有及时对表现突出的学生加以奖励，才能发挥奖励的功效，增强受奖励者的信心，实时地树立起典型，起到先锋模范作用。

3. 把握好奖励的度，不过不缺

坚持奖励工作的适度原则，优化奖励工作的效果。度就是指奖励工作中的奖励标准要适当。该怎么去奖励，给出多少奖励，都要明确。小成绩小奖励，不过不偏；大成绩大奖励，不缺不少，使受奖励者受之无愧，其他学生也能心服口服，这样才能起到奖励少数人、激励多数人的作用。

4. 重视奖励的争创过程

坚持把争创奖励过程放在奖励工作的突出位置。在实际运用奖励制度的过程中，应重点考查学生对于该奖项的争创过程，增设"奋斗奖"，而不是单纯地注重结果。因为，只有在过程中才能体现出育人的功能。优异的成绩可以充分说明学生的优秀表现，但由于个体差异，更要看到为了目标努力拼搏的"中下游"。把评定结果与进取过程有机地结合在一起，在奖励名目上适时地增加一些"过程大于结果"的突出表现奖项，用以激励绝大多数学生，发挥奖励制度的作用。

5. 重视舆论氛围的营造

坚持大张声势地营造奖励良好的舆论氛围。奖励制度的效能之一就是通过奖励工作创造良好的校园环境，营造积极上进的学习氛围。不要轻视奖励发放，不能草草了事或是形式主义。珍惜每一次评定工作的尾声，它是奖励工作得以良性循环和发挥效能的重要环节和又一次开始。重视奖励工作的颁发环节，让学生知道什么是被提倡的，什么是被奖励的，什么是典型，什么是榜样。以奖励工作为突破口将校园良好的校风、学风融入学生的生活、学习中，形成一种活泼、向上又不失严肃的氛围，自觉自治、积极向上，使每一个学生都能受到教育、影响、陶冶、洗礼和激励。

6. 兼顾个性，向多元化奖励发展

坚持完善创新人才特色激励机制，努力向多元奖励名目发展。首先，要增设个性化创新能力奖励。当前奖励名目因循守旧现象严重，有的奖励名目甚至十几年没有更换，它已不能很好地适应当今奖励制度的需要和发展。个性中包含着创新，创新中散发着个性，不要一味去排斥学生发展中的个性，要提倡在一定的程度内自由发展，培养其创新能力。其次，要增设实践奖励。实践能力作为培养输送适应社会和国家需要的人才越来越被重视，中国式教育往往造就了一批又一批"应试人才"，而非真正的社会人才。奖励制度要顺应国家教育政策的方针指示与社会对人才的需求，努力引导大学生增加实践能力，增加适应社会的能力。最后，要增设除学业成绩之外的奖励名目。素质教育要求我们培养全面发展的人才，其中包括文体、纪律、素质、道德等方面，在奖励制度中也必须将影响人才发展的上述因素重点体现出来，坚持学术生活两手抓、道德素质要兼顾的办事方法。

7.双重奖励灵活运用

坚持物质奖励与精神奖励并重的奖励方式。今天，学校单一的奖励方式已不能满足大学生对奖励结果的需求。物质需求与精神需求并用的方式符合当下校园文化和学生的心理特点。在进行奖励工作的过程中，在一些奖励名目上，我们既要以奖金来满足受奖励者对奖励的物质性基本要求，又要大张旗鼓地弘扬正气，以满足受奖励者对奖励的精神层面的需求。物质奖励与精神奖励双向结合，才能达到完整的激励效果。

## 四、社会高度参与高校大学生奖励制度

每一位大学生都是生活在家庭和社会上的人，同样，高校大学生奖励制度如若没有社会和家庭的参与，也就割裂了人的本质。"学习社会化，社会学习化"正逐步成为现代社会和现代教育发展的重要趋势。高等院校并不是一个独立的教育机构，它与国家、社会、家庭都有着密切的联系。高等院校培养人才，最终是为社会输送人才，为国家服务，而社会能够持续健康地发展，高校优秀人才便是中流砥柱。奖励制度的校企结合，让校园更好地开放，社会更好地吸纳，以呈现出互惠共赢的局面。而对一个全面发展的人才来讲，家庭适当介入高校奖励制度的评价系统可使得奖励评定显得更加具有分量。学校、社会、家庭的相互作用和相互影响，在家庭和社会密切配合下开展奖励激励工作，对人才的培养有着重要的意义。

## （一）社会应积极参与高校大学生奖励制度的评价系统

高校大学生奖励制度机制的建立和实行是为了贯彻国家素质教育政策，而其中重要的一点就是"素质教育要依据社会发展和人的发展的实际需要"，社会需要是素质教育运行的动力源。也就是说，我国高等教育的主要目的就是为了让每一个学生走出校门之后能够适应社会的需要，满足国家对于人才的需求，完成高等教育机构的使命。当代大学将越来越难以提供人们期待的那种"社会地位配置"作用，而是不断"回归"教育机构的本质。高等教育帮助学生获得知识与能力，而学生运用知识和能力寻求就业，并逐步获得自己的社会地位。大学并不是直接提供工作和社会地位，大学的根本意义在于形成帮助大学生个体发展的人力资本，或者说是劳动能力，用这样的资本和能力谋取就业机会。事实上，高校在大学生就业过程中并没有退出舞台，反而扮演着越来越重要的角色，从不负责就业到积极参与学生就业，再到主动服务于学生就业的变迁过程，高校与大学生就业的关系越来越紧密。而面对这样大好的趋势，奖励制度更加要与学生就业多多融合，这就避免不了地要加大社会对于高校大学生奖励制度的参与力度。当前我国高校大学生奖励制度中已有一些社会参与的奖励名目，比如，企业面对高校设置的高新技术项目研发奖励，对于高端人才的免试录用奖励，社会团体赞助高校大学生奖励名目，等等，这些都是社会参与高校大学生奖励制度的形式，但终究没有形成一个系统的奖励评定制度。作为迫切需要人才的社会和企业等，自新生入学就应与高校建立针对二者的奖励制度评定体系，把人才的培养与人才需求从"头"抓起，循序渐进地将自己的企业文化与校园文化相融合、校园竞争与人才选拔相转化，最大化地寻求双方利益最大化，形成一个共赢的局面。社会和企业应不遗余力地利用本身的硬实力与软实力建立一个长期稳定的校企合作的良好奖励制度环境，注重有发展潜力的人才的储备，形成有效对接。对于奖励主体的高校来讲，不仅要在奖励名目上体现出与社会企业合作的联系，增加大学生的社会实践能力，也要适时地加大对社会、企业融入的开放力度，不要拘泥于形式和手段，用社会上先进的理念来指导校园人才培养。

### （二）努力向三位一体的综合评价系统转变

奖励制度是国家教育政策和校园文化结合下的主流产物，它已成为引导大学生学习、生活的主流因素，但这种因素不是单向的，也不能是单向的。因为学生往往担负着家庭中、社会中、校园中的多重角色，对于培养全面人才，家庭、社会都不可忽视地必将参与到高校大学生奖励制度中来。家庭是最初也是最重要的因素，家庭的结构特点、家庭的稳定性、家庭内部的主流思想意识、家庭教育方式等因素都会形成大学生最初的人生观。在这样的背景下，高校大学生奖励制度势必要将家庭因素充分地考虑到机制中来，让家庭因素也成为奖励制度评定系统中的一支分流，完善高校评价系统。影响大学生学习、生活的不仅有学校、家庭，社会也是一个重要的因素。人无时无刻不跟社会发生着联系，社会的纷繁复杂冲击着每一个大学生的三观，社会道德、社会主流思想也极大地影响大学生的发展。学校、家庭、社会本就是三位一体的关系，它们相辅相成，缺一不可。同样，在高校大学生奖励制度机制运行的始终，都要将家庭、社会因素融入奖励制度中，一些家庭中的、社会中的需求也会在奖励制度中体现，比如，奖励评定过程中也要调查学生在除了校园之外的环境中是否仍然表现突出等。重视校外教育，将高校大学生奖励制度的引导效能辐射到学校之外，构建学校、家庭、社会三位一体的有机奖励制度，全面引导塑造国家所需要的人才，促使其和谐健康发展。

## 五、新媒体的推动作用

当代大学生正处在以信息技术为中心、以建设信息公路为核心的新时代，新媒体无时无刻不充斥着他们的学习和生活，并且可以这样大胆地说，大学生是如此依赖新媒体所教授的知识。每一个大学也相继建立并逐渐完善本校的交流管理信息平台。通过管理信息系统，大学生可以直观、全面地查询通知、信息和成绩。而应该看到的是，关于学校奖励工作的通知比重较小，本应展示的奖励工作流程与结果却几乎没有公告，这就削弱了奖励制度的规范性、公开性、权威性和互动性。奖励制度的与时俱进必须要体现在信息化上，这是民之所向的发展趋势，是现代化教育管理的要求。高校大学生奖励制度本身就是一种活泼生动的大学制度，给循规蹈矩的高效管理添上一抹亮丽的色彩，把新媒体融入高校大学生奖励制度中去，可增加大学生的兴趣爱好，拓宽大学生参与学校建设管理的平台，缩短学校与学生之间的互动距离，达到完善高校奖励制度的目的。增加互联网对奖励制度评定的功用，公开展示评定过程和结果，注重实时更新评定信息，建立强大公信力的互动平台，接受并提供真实可靠的数据来源，规范奖励工作，增加大学生的参与性和互动性。利用手机客户端的微信、微博等

APP 进行民主、公开交互，由传统的纸质投票转变为电子选评，由传统的口头传评转变为组群公评，不仅使评定工作更加权威和透明，同时也延长了奖励制度的效能，提高了制度活力。在奖励评定工作的舆论宣传环节，利用新媒体加大营造正面舆论、制造良好学习氛围的力度，把握正确的舆论导向，开展典型宣传工作，结合图片、影音等手段来刺激鼓舞大学生直观地感受奖励制度所带来的荣誉和积极进取的正面引导精神。

# 第四节　高校资助现状

在我国高等教育中，学生资助与社会公平和教育公平紧密相关。在国家、高校和社会的共同努力下，高校资助机制不断完善，为更多家庭经济困难学生求学提供了坚强的后盾。

## 一、资助政策进一步完善

### （一）资助政策进一步完善

政府在资助工作中要注意做好两方面的工作：一方面，通过政策加大财政投入，增加高校家庭经济困难学生资助比例并为其提供政策条件，提高资助效率和水平，不断完善资助制度和体系并加强管理监督等，最终实现家庭经济困难学生成长成才；另一方面，为促进和保证教育事业的可持续发展，需要不断地优化教育体系、教育结构以加强和维护教育公平。据统计，我国目前已有广西、贵州、山东和海南等16个省份出台了专业的资助政策，主要是为建档立卡的全日制在校学生制定。

## （二）政策体系更加健全

高校需要高度关注资助工作，以健全资助体系为重点，树立以学生为本的理念，建立和完善资助模式，提高对高校家庭经济困难学生的助学力度，达到培养出更多社会进步所需人才的目的。在高校资助工作中，我国实行多元混合资助体系。应不断完善国家奖助学金制度，经费合理分担、师范生免学费、新生入学"绿色通道"、新生入学资助，推进和完善国家助学贷款政策，鼓励和实施捐资助学的相关政策，以及职业教育、设立助学管理机构、勤工助学、学费减免、完善公民信用体系等政策。政府的管理和引导作用主要体现在其为高校资助制度运行提供的外部环境。政府推动和主导着教育体制改革或经济体制改革。资助工作在深化推进过程中遇到的各种困难和问题都需要借助政府的力量来化解。

## 二、学生资助内涵更加丰富

## （一）由保障型资助向发展型资助转变

学生资助形式逐渐转变，发展型在不断地取代传统的保障型。此外，高校在进行资助工作的过程中，需要长期坚持德育教育。

在国家资助政策的指导下，增加来自社会各界的资助和支持，为了达到最好的资助效果，高校应当量化资助模式。在管理各项资助金下发的过程中，也要注意做好监督管理，保证资助金额能使用好、管理好、发放好，真正下放到经济困难学生手中。高校应加强学校的实力，吸引具有社会责任感的企事业单位、社会机构组织团体、校友和爱心人士等社会力量加入资助工作中去，在校内设立资助项目，支持学校教育的发展，资助经济困难学生求学。在高校资助工作具体实施过程中，要注意建立以及健全该工作的运行机制和管理机构，坚持以培养学生为根本理念，加强育人工作队伍和组织机构建设，确保加强组织领导，稳固高校家庭经济困难学生资助的工作基础。

## （二）全面推进精准资助

为了保证资助政策的良性运行，政府部门必须充分发挥其作用，建立健全高校贫困生资助机制，完善政策体系，推动全社会参与贫困生资助。高校资助涉及面广，具有复杂性和系统性，需要由高校组织成立以校领导为首的资助工作机构，同时设立专门以资助学生为中心，由团委、学生处、教务处、后勤处、财务处等学校相关职能部门辅助配合，并在校内各院系中成立学生资助分支机构。以院系领导为首，各年级辅导员辅助，各班级班长和团支书配合工作，及时了解和收集家庭经济困难学生的资料信息，建立家庭经济困难学生资料库，设立联络员、心理咨询员等，随时了解、听取家庭经济困难学生的建议和意见，从上而下地参与到资助工作中。在进行资助过程中，考虑经济和贫困生比重等因素，注意资助资金向经济落后地区学生倾斜，更大范围地覆盖家庭经济困难学生；加强与地方相关部门合作，为家庭经济困难学生建档立卡；采用多种措施和手段，合理科学实施贫困生认定工作和资助项目发放；按经济困难程度，分档分阶段地发放资助金额等。

# 第五节  高校资助机制存在的问题及原因分析

## 一、高校资助工作管理存在的问题

### （一）资助政策落实不到位

我国教育事业中把帮助家庭经济困难学生作为重中之重，并提出了"帮助一个贫困生，国家将多一个人才"的口号，高校资助工作中也应当响应国家资助政策要求。据此，高校应设置专门的组织机构。该资助组织机构应按照该校全日制在校学生人数的 20% 配备工作人员来具体负责该机构的运行，然而，很多高校目前并未设置该机构，或者只是设置了空壳组织，并未配备专门的人员，与国家要求有很大的差距。高校资助工作是一项量大面广、政策性强的民生工程，没有配置专门的机构人员，要做好资助工作犹如纸上谈兵。除了机构和人员的设置，在经费上国家要求高校应从该校的事业费中提出 4% 到 6% 的学生经费专门用于家庭经济困难学生的资助工作，但这项工作同样有很多高校达不到标准。资助工作要扎实有效地运行一方面需要制度的保证，另一方面也需要经费、机构和人员的保障，否则资助工作难以实行。

### （二）贫困生认定机制不健全

我国高校根据国家对贫困生的认定文件不断地摸索，逐步探索出一套适用于本校的贫困生认定机制和方案。目前，我国高校普遍采用的模式是："学校颁布贫困生认定机制—学生自主申请—学校审核认定"。在执行过程中，由于一些人为、信息不对称或机制不健全等因素的影响，在认定过程中容易出现问题，这些问题总结起来包括以下几点。

1. 认定概念模糊，缺乏量化、统一的标准

在我国经济社会发展过程中，很多地区经济发展不平衡，同时，家庭经济困难学生、贫困生概念模糊。高校的学生来自全国各地，种种的因素使得高校对贫困生的认定变得更为复杂，难以用定量的标准和科学的方法来认定，在操作过程中会面对更多不确定性因素。因此，高校在审核认定过程中普遍以主观判断、传统经验为主。

2. 难以判断认定材料的真实度

国家、高校为了能帮助更多的困难学生，逐年增加奖助学金比例。在利益驱使下，部分非贫困学生为了获得学校的资助而弄虚作假，增加了贫困生认定工作的困难，蒙混过关或者存在很大水分的虚假材料也使得认定工作举步维艰。

3. 评议小组的形式存在弊端

高校普遍规定，贫困生的认定评议小组由学生组成，小组里的学生成员参与评议和公示等程序。由学生组成评议小组参与评审能使得结果更客观、监督更到位，但也存在种种的弊端：申请者被贴上贫困生的标签会伤害到部分不愿意公开家庭情况或家庭困难学生的尊严；自强自立意识较强

的家庭困难学生为了维护自己的尊严，拒绝怜悯和同情，会拒绝申请；在评审过程中，一些学生拉票、个人偏好等因素容易导致评议不公。

4.认定程序不规范，主观性强

在评审过程中，除了学生提交的书面认定材料，班上的学生干部和同学以及辅导员对贫困生的日常观察很大程度上影响着认定的结果。由此而来的认定结果带着很大的偏差，一方面，辅导员与学生的接触与对学生的了解非常有限，因此，辅导员判断带有很大的片面性；另一方面，学生干部和申请者的关系、感情的亲疏或多或少会影响其评议，最终影响评判结果。这种认定过程和程序并不规范且带有很大的主观性。

## （三）资助项目设置不合理

高校为了使学生在学习过程中形成良性的竞争，不断提升自我、完善自我，并且奖励综合素质优秀的学生，实行的奖励制度和资助大多是建立在综合素质测评之上的。但在实行过程中，这一制度出现了以下问题。

1.缺乏统一、系统的资助体系

资助工作的实施推动着大学生资助工作的开展，但是在高校中，资助体系缺乏一致性和系统性，会影响资助的效果和资助的力度，甚至出现不公平等不良现象。在奖励和内部管理这两方面最能体现出资助系统的这一问题。

首先，国家、高校及校友、企事业单位、社会团体和个人等以各种名义设立的奖助学金金额越来越大，种类越来越多，每项设立的奖助学金的目的不同、奖励的对象不同，并且各项奖助学金相互独立，容易导致同一个学生申请多项奖助学金，重复申请，占用其他学生的奖助学金名额，也会导致优秀的学生没有获得奖学金或者没有获得相对应的奖助学金。这种缺乏科学性、系统性及有效性的管理，会导致问题不断出现，不利于实现奖助学金的激励作用。

其次，资助体系内部管理方面，资助部门相对分散，除了高校校内统一的奖助学金外，来自校友、企事业单位、社会团体和个人的奖助学金同时存在，奖励种类繁多，申请条件参差不齐，缺乏系统性，缺乏行之有效的监督管理机制，管理混乱，难以实现奖励的最终目的。

2. 奖励项目设置落后

高校里现有的奖助项目往往忽视了特殊群体而与社会发展脱节。奖助学金的设置不能忽视特殊群体的存在，各种特殊群体结合起来也是一个难以忽视的庞大群体，如来自贫困地区的学生、来自少数民族地区的学生等。教育要体现公平性，奖助学金更要体现出公平性，所以在设立奖助学金时应该充分体现出国家和学校对特殊群体的关怀和关注。

现有的奖助学金项目从设立之初至今修改力度不大，评比标准和设立的目的都是针对过去的社会环境和社会人才培养目标。但是社会在不断地进步，国家在不断地发展，针对原来的目标和标准设置的奖项已不能适应现代社会的发展，也不能适应现代社会对人才培养的要求。因此，高校在设立奖助学金项目中，种类、申请条件和评比条件的设置应当根据社会、国家的需求不断地调整，以适应社会发展的要求。

3. 奖励目的难以实现

奖励目的难以实现主要体现在参与评选主体、参选程序和形式三方面。

首先，由于在奖助学金评选前，学校对相关的奖助制度、奖助项目及申请条件、申请时间等宣传不足、通知不到位，在申请和评选过程中缺乏规范、存在问题，导致学生整体参与度低，关注奖助学金相关信息的学生少，起不到激励全体学生参与评选的热情的作用。参与的主体少、不积极使得奖助学金促进进步的目的难以实现。

其次，在学生参选程序方面，奖助学金的参选程序缺乏合理性、缺乏有效的监督管理。各种类型的奖助学金参选程序参差不齐，管理不规范、评选不一致，容易产生反复评选等重复工作。同时，在评选过程中，评选程序不透明，忽视公开、公平原则，容易出现同一个学生重复参评不同的奖项，占用其他学生参选的名额，易于出现不公平现象。不透明、不公开的机制容易导致评选过程中出现专权现象，由原本多人评选、评选小组评选变成由个别人员审定的现象。另外，在评选过程中，评选过程不系统、评选时间长等问题都会大大降低评选的可信度和参与度。

最后，奖助学金在形式上虽然表现为物质鼓励，但设置的主要目的是为了在提供物质资助的同时鼓励学生理性竞争，激发学生们不断进步、不断完善自我。随着时间的推移，奖励精神层面的作用逐渐被忽视，物质层面的作用不断加强，使得奖励的目的难以实现，无法从精神层面上促进学生的学习，提高学生的精神境界。在资助过程中，奖助学金的实施出现以上问题时，我们以物质作为奖励形式的同时要注重思想层面的引导，提高学生的学习积极性，避免把资助工作变得物质和低俗。

## 二、高校资助工作管理存在问题的原因分析

### （一）国家资助机制不健全

高校资助工作实质是国家政府、企事业单位、社会团体和个人等资助主体把经济资源通过教育系统提供给学生。国家资助具有政策公共产品的属性，其属性决定了国家在资助政策中占有主导性的特征，决定了政府部门在资助政策制定和执行过程中的主导地位。为了保证资助政策的良性运行，政府部门必须充分发挥其作用，建立健全高校贫困生资助机制，完善政策体系，推动全社会参与贫困生资助。此外，国家应制定和颁布实施有关资助项目的法律法规，用法律的手段保障资助项目，为资助政策的发展提供良好的环境。

资助体系包括资助项目、资助内容、资助方式、资助者和受助者等要素。各要素之间若存在信息滞后、信息不对称等问题，则会产生道德风险和逆向选择，使资助政策的资助目的受到极大的削弱，资助体系合理构建和有效运行有利于信息的甄别和传递。

另外，问卷调查显示，只有 2.54% 的人是非常了解国家资助政策的，大部分学生是不了解的。国家新出台资助政策宣传力度低，资助政策的具体执行过程中人为因素过多，难以保证高校全日制在读学生都能清楚了解。缺乏行之有效的宣传手段，职能部门的不重视，高校对资助政策宣传力度低等都是导致国家资助政策宣传力度不够的原因。

### （二）学校资助机制不完善

随着社会的发展，制度更新速度缓慢，我国高校中普遍存在制度不完善、资助机制滞后的问题，主要表现在以下四方面。

1. 管理制度不完善

资助系统的管理制度包括家庭经济困难学生认定办法、资助手段、资助项目管理和资助准则，等等。

在高校家庭经济困难认定中，普遍采取的模式是学生个人申请—提供家庭经济困难证明—测评小组民主评议—学校审核认定。这一流程表面上看似规范，实则存在弊端，会给弄虚作假之人提供可乘之机，滋生不良的风气。一般高校的资助管理办法中都明显呈现出无偿给予的特点。例如，从高校的助学贷款和勤工助学、无偿资助这些资助工作来看，高校的助学贷款对违约、贷款金额和期限、申请条件等做了严格的规定，普遍是由学生自主提交申请—学校审核审批—银行审核通过办理的流程。在提交申请中就要求学生提供详细的资料，在贷款和还贷过程中，一旦学生出现违约行为，银行将依法进行处理，这极大地影响了学生的个人信用。在法律约束的情况下，仍然有不少学生违约，究其原因，最大的问题是高校在资助过程中缺乏道德诚信的教育，且监管机制不能约束、控制学生遵守合约。

另外，普遍地，高校都存在勤工助学项目，并对勤工助学的日常管理、岗位、酬金、人员要求等都做了详细明确的规定。但勤工助学往往是育人和用人相分离，且存在岗位少、岗位层次低等现象，用人单位往往要求勤工学生完成工作，而忽略了精神层面的教育，很大程度地阻碍了资助能效的发挥。最后，无偿资助项目中存在的最大问题是容易使得受资助的学生认为这是免费的午餐，无须做出任何反馈也无须承担责任。

高校资助的过程中容易忽略培养学生的责任观念。对违规行为没有对应的惩罚措施或处罚力度弱；不约束受助学生对资助资金的使用；没有形成制度，也没有明确规定受助学生该履行的义务和责任。

2. 育人工作监督管理不完善

高校在对家庭经济困难学生进行资格认定的过程中缺乏有效的监督管理机制，同时不能有效监督资助工作者的育人行为，对资助后的后续工作缺乏监督。

3. 缺乏完善的保障制度

在保障制度上，物质来源渠道较窄，资助主体单一。目前，我国高校资助的物质渠道主要来源于政府，社会资助非常有限，而且不均衡。同时，资助工作主体主要是来自高校的教师和辅导员，并没有专门负责人员，教师和辅导员受专业性和时间、精力的限制不能对资助工作发挥最大的能效，使得资助的效果大打折扣。

4. 缺乏完善的考核评价制度

我国对高校资助工作的考核评价指标主要是依据学校给予学生提供经济资助的金额和人数，忽略了被资助学生精神层面、思想行为、学业技能等方面的评价。另外，考核评价原则单一，不注重资助过程和外部评价。

## （三）学生求助心理不积极

对于家庭经济困难学生的资助工作，经济资助是手段，精神育人才是工作的根本。高校对经济困难学生认定的程序一般是：学生本人自主提出书面申请，提交证明材料；班级民主测评小组根据申请的情况和申请的资料进行评审认定，通过评审认定人员材料提交院系；院系资助工作小组及领导进行评审认定，审核通过人员材料上交学校。在评审过程中，最关键的环节是班级测评小组的评审，班级测评小组成员来自班级，对本班同学的学习情况、家庭经济情况最了解。班级测评小组容易存在弊端，若是测评小组成员在测评过程中存在私心，就不能实现资助的实质目的，容易使得经济困难学生不愿意主动申请资助，求助心理不积极；同时也会影响班级的团结和凝聚力，严重的还会导致班级同学之间产生矛盾——互相猜忌、指责、埋怨甚至谩骂。

在某些高校里，高额的国家助学金每年都吸引很多学生申请，但同时也存在很大一部分经济困难学生不愿意申请。深究其原因主要是在以往的国家助学金申请、评定和发放过程中，存在一些受助学生认为家庭经济困难，学校、国家应当给予支持和补助；某些受助学生拿到资助款项后，甚至把钱挥霍一空，并没有把资助款项应用到学习和生活中去；一些学生由于能得到国家无偿的助学金补助，不再自立自强地进行勤工助学。这些行为所衍生出的不良风气，贫困生、家庭经济困难学生这些名头带来的负面影响和评价，使真正自立自强的经济困难学生为了避免遭受这些影响，也避免外界的怜悯和同情，即使家庭经济再困难也不愿意去申请资助，求助心理不积极。

# 第六节　高校资助机制建构实现的路径及对策

## 一、建立健全政府资助机制，推动全社会参与贫困生资助

### （一）将资助形式从无偿内化为有偿，建立长期有效的扶贫助困机制

由于我国相关制度不完善，且无偿资助操作简单，也最直接有效，目前我国资助方式主要采用无偿资助。助学贷款制度在我国高校开始普及实施，逐渐向生源地与高校助学贷款并存过渡，由于生源地和高校之间信息获取的差异，政策不断地在调整。助学贷款是免息贷款，高校学生在毕业后需要分期偿还贷款，这要求学生做好个人管理和资金使用管理。

我国的资助工作可以通过鼓励高校挖掘校内资源和校外资源，要求学生参与劳动和工作来获得补助，把资助形式从无偿内化为有偿，避免学生产生不劳而获的心理，培养学生自立自强的精神。

### （二）加强资助工作人员的专业化程度，完善机构设置

我国资助体系设置较为完善，在整个体系正常运作的情况下，信息传递快速有效，虚假信息容易被鉴别和识别出来。在机构设置上需要解决的问题是内设机构，政府应倡导高校按照资助体系设置的初衷，设置专门的资助机构来负责、保证资助工作的有序运行。

通过交流学习、专业技能培训、激励约束等方式提高资助工作人员的业务能力，增强其业务素质、责任心和工作主动性，使得资助机构高效运转。

## （三）在资助工作管理中逐步引进社会力量

我国社会机构团体能参与的资助工作仍然停留在资金资助层面，资助工作的具体实施还是学校和政府处于主导地位。在引进社会力量方面，我国可以借鉴国外的资助体系，成立国家主控的社会团体组织来实施资助工作，政府和社会团体组织之间是雇佣关系，社会团体组织的资金管理和服务态度更到位。

资助金的主要来源是政府资助，但良好的风气和氛围却离不开社会关怀、慈善文化。良好的社会氛围能够促进人与人之间的和谐友爱，能让人胸襟更宽广，这有利于获得良好的资助效果。在社会大环境的影响下，越来越多的企事业单位、社会团体和个人参与慈善事业，使得高校的资助工作更多样化，也能正确引导学生的价值观念。目前，国家需要健全社会慈善事业管理制度，用制度约束行为，避免衍生出不良风气。

## （四）促进政府信息公开、设立长效宣传机制

应使资助政策和信息、参与评选条件、冒领或骗取资助金的处罚等相关资助政策信息得到公开并广泛传播。因为在强大的资信力量下，政府和学校、社会、学生之间信息不对称和滞后问题就能得到解决，这对带有不良想法的申请者也起到了警醒作用，让其能更清楚地认识到自身行为带来的危害。简而言之，在政府和社会的有效宣传下，学生清楚采用虚假信息套取、骗取资助金的行为所应受到的惩罚，也能够意识到该行为所要付出

的代价远远比不正当得到的资助金更大，那么就有助于学生做到诚实守信。

## 二、建立健全高校资助机制

家是人生的第一所学校，父母是孩子的第一任教师，家庭经济困难的父母比普通家庭的父母更艰难。高校在传授学生知识的同时要更多地教育学生，让他们认识到幸福生活来之不易，要懂得知恩、识恩、感恩、报恩，要懂得回报父母；同时也要意识到，在成长过程中，除了父母的关爱，还有社会、国家和他人的关爱，要有传递感恩的意识，并自觉承担起传递关爱的责任和义务。思想上的改变不能一蹴而就，感恩教育需要从小抓起并长期进行潜移默化地影响，也需要社会、学校和家庭各方面相互配合和支持。

### （一）师生合作，关注学生心理健康

高校需要高度重视资助工作，要把以学生为本的理念贯穿育人工作的始终，加强人才队伍和组织机构建设，提高组织领导能力，夯实工作基础，保障家庭经济困难学生资助工作的实效。高校的学生来自全国各地，每位学生的原生家庭环境都不一样，这导致了资助工作的复杂性，也要求资助工作系统、科学。

相对于来自普通家庭的学生，经济困难的学生在求学过程中面临着更大的心理、学习和生活压力，现有的资助项目已经在很大程度上帮助学生解决了经济、物质方面的问题，但在心理精神层面上，国家、社会和高校还缺乏有效的措施，不能及时正确引导经济困难学生，容易使其产生不良的心理问题，对其自身未来发展将会产生负面的影响。高校资助工作需要

培养身心健康的人才，在资助工作中，不单要解决其经济问题，还要及时了解关注其心理、思想问题，以便及时沟通疏导，恰当做好心理健康辅导工作，重视思想方面的帮助，为经济困难学生成长成才提供更好的条件，付出更大的努力。具体工作措施可以参考以下几点。

首先，高校在每年的新生入学期间普查每位学生的心理健康状况和家庭经济状况，对家庭经济困难学生的心理健康状况和家庭情况进行深入了解，建立资助档案，定期对其经济和心理状况进行跟踪了解。

其次，学生在校期间，积极开展心理健康教育，及时解决其心理问题和思想困惑，培养学生自强自立的精神，引导其对自身和对社会的正确认识。高校需要设立专门的家庭经济困难学生心理辅助中心，通过学校、院系和班级三个层次的育人工作，及时了解、关心存在心理问题的学生、定期排查其心理健康状况和不定期进行思想交流工作，让经济困难学生得到经济资助的同时也能解决心理上的困扰和思想上的烦忧。

## （二）家校合作，创造良好家校资助氛围

科技在不断地发展，社会在不断地进步，在竞争激烈的时代里，成长在经济困难环境中的学生承受着更多生活、学习、心理以及人际交往的压力，然而压力增加的速度往往会比他们的抗压能力大。因此要解决家庭经济困难学生所面临的问题，为其创造良好的学习环境，不能单从物质上出发，还要从心理上解决他们的问题。经济困难学生一般性格比较内向，较为敏感冲动，抗压能力较低、情绪波动较大，难以以积极的心态去面对突发事件。长期负面情绪的积累会使他们产生更多的问题。经济困境会造成学生

在求学过程中巨大的心理压力，从而引发心理问题：过度的自卑与自尊交错、抑郁与焦虑共生、妒忌和怨恨交织、孤僻与封闭并存、愧疚与无奈相伴，等等，这一系列问题并不是单靠学校就能解决，需要家长和社会共同关注。

高校单单依靠对经济困难学生在校内的经济资助、心理健康辅导，并不能完全解决学生的心理问题，学校还应当与学生家长主动沟通，深入了解学生的心理问题。子女从小与家长生活在一起，家长也是最了解子女、最容易捕捉子女心理、思想动态的。所以，高校的资助工作者要深入了解经济困难学生的思想状态，使高校资助系统更好地发挥育人的效果，必定要加强与学生家庭、学生家长的沟通。总而言之，高校应该建立与家长长期有效沟通的机制，确保资助工作取得最优的效果，具体实施情况如下。

1. 高校与家长建立有效的沟通机制

由于时间和地域的限制，与家长沟通交流可以选择以电话联系为主。高校在新生入学期间应当及时留下学生家长的联系方式并建档保存，建立家长联系电话目录，整理汇总出贫困生家长联系方式，单独编制并建立专门的联系档案。在往后的资助工作中，及时更新、修正、删减和增加经济困难学生名单、信息和联系方式。为了保护学生的隐私，在做这一工作时必须要做好信息资料的保密工作。资助工作人员定期与家长沟通交流，获得相关资料信息，建立相关档案，做好谈话记录，以备日后及时跟进了解贫困生的心理状况，同时也为解决学生心理问题提供参考资料。另外，一旦发现经济困难学生出现心理问题，要及时查找原因、加以开导，并快速联系其家长，加强家校合作。

2. 在条件允许的情况下，高校可以建立定期家访制度

实地走访，走进学生生活的家庭中去，与家长面对面进行沟通和交流，深入经济困难学生的生活环境，以在出现问题的时候更好地找到解决的对策。家访制度的实施不能单靠资助工作者的自觉性，还需要学校的管理和监督、指导和规划，这样才能有效地推动家访制度，家校之间才能进行有效的沟通和交流。访谈需要有专业的技巧才能达到目的，高校应对资助工作人员进行专门的沟通技巧培训，同时不定期地召开研讨会，把成功案例和典型案例拿出来共同分享、讨论，积累经验。在建立家访制度的同时也应当设立相应的监督管理机制。

3. 及时纠正不良思想

一旦在与家长沟通的过程中发现家长存在不正确的思想，要及时地进行纠正和引导，帮助经济困难学生去除不良心态和思想，树立正确的世界观、人生观和价值观。例如，有些父母为了减少子女的负担一般会选择向子女隐瞒家里的经济状况，自己辛苦维持表面的小康水平。这种做法对于懂得感恩、孝顺父母的学生可以采用，但对于学习懒散、生活散漫、责任感不强、不懂感恩的学生，应当让其清楚了解家里的经济状况，激发其上进之心。同时，也能激励一些学习不用心、生活不自律的学生积极向上。要注重培养学生的感恩意识。通过感恩教育帮助学生意识到人与人、人与社会之间各种权利和义务关系。让学生懂得父母的养育之恩；让学生看到社会、国家和学校对其的关爱；让学生看到自身努力的同时也清楚别人的付出。高校资助过程中加强宣传正面积极事迹的力度，用这些事迹来引导学生，例如，感动中国的贫困生徐本禹到贵州支教、自强不息的洪战辉，等等。

除此之外，一些家长也存在着依赖的思想，依靠国家和学校解决家庭经济问题，缺乏凭自身努力改善经济困难状况的动力。家长的思想很容易影响和传递给学生。高校在与家长交流沟通的过程中也要消除这一类想法，正确引导和提醒家长这种心态不利于培养学生自信自立自强的精神，容易对其产生负面影响，也不利于学生的身心健康成长，更不利于学生的成才。高校应通过与学生家长的沟通，及时跟进学生的思想动态，让学生认识到艰苦奋斗和自立自强精神的重要性。学校和家庭共同努力，正确引导，让经济困难学生能正确认识家庭经济状况，正视贫穷，坦然面对贫困，明白贫困并不可耻，激发其乐观向上的生活态度，并帮助其塑造自爱、自强、自尊和自立的强大内心世界；帮助他们不断完善自己，树立远大高尚的理想，最终成长为懂感恩、能承担责任的新一代社会所需的人才。

### （三）校企合作，全面拓宽资助途径

资助工作需要学校的努力，需要学生家庭的配合，也需要来自社会力量的支持。高校资助中很大一部分的资助资金来自国家，但也有一部分资金来源于社会。来源于社会的支持和援助能扩大高校资助资金的渠道，也使得资助主体能通过资助有效地提升其知名度和社会影响力。校企合作，全面拓宽资助途径，不仅补充了高校资助资金，也扩大了受助群体。

1.高校需设立专门的机构管理来自社会各方面的资助

高校要提高办学质量，不断培养出优秀的人才，提高学校的知名度，提高学校在社会上的影响力。高校增强学校的实力，吸引具有社会责任感的企事业单位、社会机构组织团体、校友和爱心人士等社会力量加入资助工作中去，在校内设立资助项目，支持学校教育的发展，资助经济困难学

生求学，帮助更多的家庭经济困难学生顺利完成学业，成长为社会所需的有用人才。

2. 加强多元化资助，做好监督管理工作

在国家资助政策的指导下，增加来自社会各界的资助和支持，为了达到最好的资助效果，高校应当量化资助模式。在管理各项资助金下发的过程中，也要注意做好监督管理，保证资助金额能使用好、管理好、发放好，真正下放到经济困难学生手中。

3. 在做好资助工作同时也要做好资助反馈工作

在各种资助项目的资助金额发放完成后，资助工作机构应及时进行调查，做好反馈工作，找出该期的资助工作中的不合理方面，不断修正不合理的地方，为往后工作提供经验。同时，公布学校资助工作机构的联系方式，包括办公地点、联系电话、信息发布网站以及咨询反馈邮箱，等等，接受校内学生和校外人士的监督和反馈。学校资助工作机构应该在受助学生和社会资助力量之间架起一座沟通的桥梁，即社会资助人士的良好精神和愿望能通过一定的渠道传达给受助学生，激发学生在行动上和精神上积极向上，同时能清晰地把资助资金的使用情况和学生对其的感恩之心反馈给社会资助人士，激发他们的社会认同感和社会责任感，从而形成一个良性循环。

高校资助贫困生的举措蕴含着人文关怀和品德教育。国家、政府机构、学校和社会各界通过资助学生，改变其生活状态，规范其道德行为，甚至改变家庭经济困难学生的人生轨迹。资助体系中资助项目众多，普遍性的资助项目和临时性的资助项目相结合，实现教育的持续性与资助的阶段性相结合，有利于在能力上锻炼学生、经济上帮助学生、精神上鼓励学生。

既从物质上资助困难学生又从精神上教育学生的资助政策体系，使受助学生能怀着感恩之心，拥有阳光健康的心灵，主动走向社会，去体验丰富多彩的生活，加深对国家、民族的认同感，促进其树立科学正确的世界观、人生观和价值观。

### （四）学习借鉴国外先进资助理念

西方发达国家物质充足，对于教育事业投入大，他们同样也非常关注资助工作的持续性，如美国的大学工读计划。大学工读计划鼓励学生在求学期间，利用自己的业余时间去劳动来获取报酬。学生在课余时间参加与课程相关的工作或参与社区服务工作可按小时或月获得相应的酬劳。在分配工作时，资助主体会充分考虑学生的受助金额、学术进展和上课时间，让学生能在更大范围内选择适合自己的工作，也能通过劳动赚取自己所需的生活费甚至学费。通过这样的方式帮助家庭经济困难学生增加收入、完成学业，也能锻炼学生的能力，鼓励学生参加社会实践，丰富课余生活，正确地引导学生。

此外，爱尔兰有推迟付费性资助、自主性资助和赠予性资助三位一体的政策。推迟付费性资助是指让学生先求学，完成学业进入社会工作后开始偿还教育成本的方式，需要偿还的教育成本资助包括了毕业生税和贷学金等。自主性资助是指学生凭借社会和政府提供的劳动机会，主要是通过给在校学生提供的勤工助学机会，让学生通过自己的劳动解决个人的经济困境。赠予性资助，是指捐赠者为帮助大学生完成学业，无偿地赠予资金。高校在实施资助政策的同时，多鼓励家庭困难学生主动申请助学贷款，积极参与勤工助学，努力学习，争取获得来自国家、学校和社会的多种资助款项，努力完成学业，摆脱家庭经济困难。

美国的 PHE 项目是由福特基金会资助，站在培养贫困生未来发展的角度来培养学生个人能力，并有针对性地帮助高校贫困生解决在学习、社会交往、环境适应和求职就业中遇到的各种问题。如借助团体训练、技能培训、实践活动和心理辅导，帮助贫困生克服心理障碍和解决心理问题，培养他们的自立意识，提高他们的心理素质，提高他们的生存能力、创新能力、交际能力和社会服务能力，使其掌握谋生技能，从根本上解决其经济困难问题，让贫困生能通过自身的能力创造财富，为他们的成长成才打下扎实的基础。我国高校在实施资助政策过程中，应鼓励学生有针对性地选择适合自身的资助项目，争取在获得资助的过程中也能提升个人的综合技能，能在社会竞争中取得优势。

国外的资助经验普遍是立足于帮助学生持续而全面发展所探索出的资助方式，与我国资助政策相吻合，与资助目的相一致，把无偿的物质资助内化成技能创造，解决学生经济困难的同时促进学生的内在发展，为构建持续发展性的资助体系提供了有效的借鉴。

### 三、关注贫困生心理，树立积极求助观念

从古至今，教育的目的主要是促进个体发展。根据传授知识的形式，教育可以分为隐性教育和显性教育。学生在学校里学习知识和技能等属于显性教育；进行资助工作的同时加强育人工作，在经济上解决学生困难的

同时加强学生诚信道德品质的培养，正确引导学生的思想观念等属于隐性教育。"两手都要抓，两手都要硬"方针同样适用于教育。

## （一）关注困难学生的心理，适时进行疏导和鼓励

高校家庭经济困难学生是有较高的精神追求和文化素养、内心敏感而复杂的特殊群体。实行资助工作要注重建立权利和义务相对应的机制，除了从经济上保障他们的权利，还要了解他们的内心世界，挖掘他们的潜能，加强沟通交流，适时进行疏导和鼓励，充分发挥资助的功能。

高校需要培养家庭经济困难学生自立自强的精神。高校部分学生特别是新生，面临突然改变的生活和学习环境，心理上或多或少有不适应，缺乏应变和面对挫折的能力，缺少面对现实的勇气。针对这种情况，高校既要及时让经济困难学生了解国家政策，清楚国家每年都投入大量的教育经费，出台各种资助政策，从经济上和精神上支持和帮助经济困难学生完成学业；也要关注经济困难学生的心理，引导经济困难学生走出负面消极的情绪，以积极乐观的心态面对困难，勇于依靠自己的力量解决困境，摆脱"等、靠、要"的不良思想，努力争取依靠奖学金、勤工助学等方式解决经济困难问题。高校通过疏导和鼓励，让经济困难学生意识到暂时的经济困难并不可耻，反而应该成为个人奋发向上的动力，而且这种经历也是人生的一笔财富。家庭经济困难的学生往往都具有吃苦耐劳、勤俭节约的美好品质，这有利于他们的成才。学校和社会在为学生提供资助时要及时地引导学生，让其了解他人的资助并不是理所当然的，也不是怜悯施舍，而是国家和社会的关爱；也应帮他们树立传递关爱和感恩的信念，让他们懂得权利和义

务是对等的，激发其努力学习的动力，以回报社会。另外，要注重培养经济困难学生诚实守信的品德。高校的在校生正处于世界观、人生观和价值观的形成期，高校应适时加以引导，把诚信教育渗透到日常教育教学中，纳入日常教育管理；在普法知识教育中让学生懂得违规违法所需要承担的责任，教会他们诚信做人，知法守法。

## （二）建立德育教育长效机制

目前，我国高校在思想道德教育中仍普遍存在很多不足之处，学生容易因家庭经济困难而产生自卑心理，也容易出现抑郁、自闭等不良心态。在学生成长的过程中，不良心理因素会对学生造成影响。高校在进行资助工作的过程中，需要长期坚持德育教育。德育教育是一项潜移默化的教育工程，在社会生活中无处不存在德育教育的素材。学生资助工作应充分挖掘德育教育的正面价值，引导学生树立知恩感恩、关爱他人、诚实守信和自强自立的品德，让学生在接受国家和社会关爱的同时，懂得把关爱、感恩传递下去，并立志自强不息，这是资助体系的实质和目的，也是教育的现实价值。

## （三）树立积极的资助观念

积极的资助观念有利于提高资助效果。政府部门在执行资助政策时应发挥主体地位，制定公平、公正的规则。资助政策执行的重要环节是学校，学校对资助的观念和态度在很大程度上影响着学生资助工作的效果，学校的积极参与能使资助工作更深入学生群体，使资助工作取得良好的效果。高校需要充分发挥资助项目的功能，如助学金和奖学金，在效率和公平上寻找平衡点，使用助学金帮助家庭经济困难学生，激发其奋发向上的精神。

# 第五章　"互联网＋"时代大学生管理理念创新

# 第一节 大数据时代高校学生管理模式

大数据具有数据体量巨大、数据类型繁多、处理速度快等特点，此外，其数据背后的可挖掘利用的价值也是大数据的优势之一，但这些特征不能完全地总结大数据的全面意义，大数据时代的不断变化使其定义也不断地被充实和扩大。国家发展一定是以教育为基础的硬性条件，如今国家建设取得的显著成效与高校教育成果是分不开的。随着各大高校规模的扩大和发展，原有的师资力量显得有些单薄，这直接造成了管理力度缺乏和管理混乱，教育团队超负荷的工作量使得管理模式老旧而缺少新意。然而在大数据时代，海量信息内容的应用与普及让高校教育工作者们看到了新的希望，在师资条件短缺的情况下，与大数据进行尝试性的融合，可以促进管理模式的创新。

## 一、大数据

### （一）身边的大数据

在高校学生体系中，每名学生都拥有截然不同的信息情况。近两年来，高校学生更喜欢通过微博这类社交平台，将自己和身边人的写实自拍、原创的搞笑视频片段等有鲜明个人特色的内容发布出去，这就产生了多元的社交群体。高校学生之间的交互式评论使其制造的信息数据不间断地增长，并以惊人的增长势头刷新人们的价值观。大数据时代先进的教学管理模式中，出现了一些与时俱进的变化，如高校学生学籍的注册、与校内生活消费息息相关的校园卡、学生的课时出勤、学生课业选课及考试成绩的评分等，都是以新媒体应用形式与高校学生进行有效的联系。这些贴近高校学生的在校生活起居的大数据分析，表明数字信息技术已经在高校学生管理当中起到了很好的作用。

## （二）"不完美"的大数据

大数据的内容繁杂不稳定使其显得混乱而难以掌控，各高校的管理系统并没有明确的建立模式，一成不变的管理模式和手段，完全不能满足大部分高校管理工作者的需求，学生的数据信息的不统一使其准确度大大降低，这让大数据的优势打了很大的折扣，也让高校学生在管理应用中处处碰壁。传统数据分析方法导致大数据资源不能更好地得以利用，众多高校基本都是以传统的纸质问卷形式来调查数据，将其作为参考样本，但这种延续很久的抽样统计有着很大的局限性，并且会产生一定的负面效应，明明可以利用更快捷有效的大数据环境进行信息更精准的统计还要坚持使用传统的方法就是因为大数据的"不完美"。

## 二、大数据时代的高校管理

## （一）管理目标

在大数据与新媒体融合的当下，高校教育者应积极地利用这个信息数据的优势，面向高校学生制定更便捷、更具吸引力的管理目标，对于学生中存在的一些小众群体，他们不能积极主动地参与到学校活动中来，那么可通过对这些学生信息数据的分析研究，制定更精准的管理目标，了解他们自身的优点加以提拔，提高管理效率和成效。构建良好的管理目标要依托科学化的制度，灵活地将理论基础和实践相结合。在这个目标制度下，高校学生可以更主动地参与进来，当然不完美的管理目标会让一些学生感觉难以接受，处在青春期逆反心态很强的他们，很可能以消极的态度应对管理者，所以制定相对高质量的管理目标对于高校学生管理有很重要的作用。

### （二）理念影响

大数据的应用为高校学生管理者提供了更直面内心的个性化服务形式，教育者利用信息数据作为核心服务于管理思想，以新颖的方式呈现校园信息的构建和整合。信息数据也是有它自己文化的，数据已经从虚拟不可触碰的形式演变成可控的强大资产，它以新兴的物质经济模式像货币形式一样地存在着，在高校学生管理模式中通过不同的层面将大数据独有的文化渗透进去，达到微观决策到宏观决策的良性过渡。以人为本是教育者在高校管理中需要坚守的信念，不论从学生的角度还是站在教师的立场上，互相扶持是必要的管理模式趋势，达到师生共同成为被管理的目标。大数据是教育者、学生和管理者之间的桥梁，它无形地牵引着每一个阶层，让大数据在教学管理中提供更好的服务。

### （三）管理困境

信息数据过于简单性和表面性的收集，给原本就处于管理模式建设水平参差不齐的高校大数据，造成了不小的资源浪费，想实现个性化的教育模式就更加困难，进而影响教育进程和管理效果。高校学生在原有的管理模式中信息接收过于单一，比如，在校园内衣食住行方面的信息应用只能以独立的形式存在，相互之间不能建立方便的信息链，学生们在校期间的各种情况只能依靠各信息平台独立的统计，无法对在校的所有信息轨迹做出综合准确的总结。师生在校园内的活动中产生的所有数据是评判高校管理这一重要工作的信息基础，在工作中需要努力地学习和维护管理模式，将管理系统模式的构筑与大数据相融合，将管理难度尽可能地缩小。高校学生管理要正确地建立信仰和引导价值观，教育管理模式的良性发展才能实现。

## 三、高校社团在大数据管理中的作用

### (一) 社团管理的重要性

随着新媒体数据时代的到来，各高校通过对社团的管理，可以更精准地得到学生的真实信息数据，学生通过社团活动，将他们不常见的一面更好地展现出来，他们自愿加入自己感兴趣的社团组织来丰富课外的业余生活。社团的多种多样和相似的规模构建，更便于管理部门掌控学生的信息资源掌控，有些学生还主动提出在社团中担任领导职务，这对于未跨出校门的学生来说是很好的历练，对学生的发展和成才起到了不可否认的重要促进作用。如何将社团管理提高到一个可观的重视程度，也是高校管理者们的必要责任，他们有义务在这个大数据潮流中，对有鲜明特点的社团给予重视。如果社团和管理之间有一个良好的互动，那么就可以针对社团管理来促进管理模式的完善与发挥。

### (二) 现状与问题

最初社团的成立是学生们为了把剩余的休息时间更好地利用起来，目的很直接、明确和单纯，他们从未想过社团内部也存在着责任。可任何形式的管理都会遇到问题，社团管理也不能逃脱这样的命运。我国高校虽然都已普及了社团的模式，社团种类也日益繁多，但社团管理却在发展中举步维艰，造成这一局面的原因，主要是管理模式和社团自身的结构之间的问题。如管理者的不够成熟导致原本由高校学生自发组建的社团总是产生不必要的矛盾冲突；管理者如果不能控制好自己的情绪，那这个自愿组建的群体就会变得散漫而不易管理。

### （三）大数据下的社团管理

过去的社团活动大都以室内或户外的参与形态出现，如唱歌、跳舞、琴棋书画、野外郊游、社团实践等活动，这些活动要求社团成员必须以亲自到场为参与标准。自从大数据时代新媒体的广泛普及，社团活动也增添了新的活动方向，管理者可以组织社团成员通过自媒体的应用，以信息技术为支持创建很多新鲜的社团活动。例如，某高校的社团通过新媒体视频，组织成员不定期地录制一些短片，后期经过剪辑成微电影的形式发布在互联网上，得到了广泛关注和好评。这一过程中，社团成员完全不需要全部在场参与，这样的社团活动展现了更方便有趣的一面，管理社团也将更轻松和容易。所以说大数据下的社团管理模式，也是高校学生管理的一种必不可少的构成。

## 四、大数据时代高校学生教育管理的模式变革

### （一）从应急到预防：教育管理预测前瞻化

长期以来，高校的学生管理模式基本上是建立一套相对完善的应急机制，以应对危机事件和进行危机干预。但是何人、何时、何地出现危机事件和产生非稳定诱因，一般是通过学生报告、辅导员排查而定，这说明，一方

面预测评估结果相对滞后，当危机出现，事态已经比较严重，另一方面是可能出现疏漏。而通过可穿戴设备、移动智能终端（手机、平板）、互联网行为记录（微信、微博、网络使用）、社会活动行为记录（监控视频）、大数据存储管理和云计算等载体上记录的大学生思想行为的大数据，可以提前预测学生的可能发展趋势，并采取相应预防措施。如美国个性化教育服务公司 Desire to learn 利用其分析平台"学生成功系统"，建立"信息收集、聚焦预测、科学评价、即时干预和及时反馈"的辅导员预警工作流程，可以有效改变当前辅导员预警能力不足的问题，使得管理预测前瞻化，实现了学生教育管理模式从应急到预防模式的转变。

## （二）从分散到整体：教育管理决策系统化

一方面，大数据时代高效快捷的微传播、全民参与的微创作、碎片多元的微内容、公共参与的微言行正在深刻影响和改变着青年一代，行为的简单化、思维的碎片化不但改变着大学生的思想行为，也深刻地影响着高校的学生教育管理者。另一方面，长期以来，高校的学生教育管理工作易出现"上面千头线，下面一根针"，学校党委行政，学院党委行政、教务、学工、团委等均参与学生教育管理工作，各建信息管理系统、各搭教育管理平台，导致产生资源共享不足、上下沟通不畅、左右协作不力的现象，使得共建平台、共享资源、统筹协作、整体决策在实际工作中困难重重。大数据时代为改变这一现状提供了现实可行性。通过搭建共享的大数据平台，消除"数字鸿沟"和"信息孤岛"，做到资源共享；通过大数据信息渠道的有效连接，打破各自为政，实现多渠道的信息集成、跨部门的分工协作；基于大数据的大样本、全数据分析，克服了思维的简单化、分析的碎片化，形成整体思维，进而实现教育管理决策的系统化。

### （三）从静止到动态：教育管理过程权变化

权变管理理论认为管理最重要的就是根据条件的变化进行反馈调整，而目前我国高校的学生教育管理模式尚以静态为主，一切按部就班，按照程序办事，而根据环境、学生的变化随时动态调整的管理策略明显不足。学生的行为管理、学习管理、生活管理等基本上是通过考上大学填写学生登记表、期末考试填写成绩单、获得荣誉填写获奖证、大学毕业填写毕业登记表来组建，而没有对这些资料和他们的行为数据相结合进行动态的分析，事实上仅仅是起到一个记载功能，实质的管理功能发挥严重不足。权变理论认为，管理要根据对象所处的内外环境随机应变，不存在一成不变、普遍适用的"最好的"管理理论和方法。大数据为学生教育管理的权变提供了现实可能性，可实现管理的动态化，即利用可视化分析、数据分析法、预测性分析、语义引擎、数据质量和数据管理等方法进行数据挖掘，深度挖掘学生成长轨迹并进行学生行为评价，从教育方面做到精准制导，从管理方面做到动态调整，让学生教育管理过程权变化。

### （四）从粗放到精细：教育管理服务个性化

在马克思主义人学视野下，人的全面而自由的发展体现在对个体的主体性尊重、差异化对待、个性化发展。唯有针对每一个独特的人，开展个性化教育，实施个性化管理，才能真正实现人的全面而自由的发展。特别是中国经济步入新常态，个性化教育不但是个体的价值诉求，也肩负着国家创新的使命。但是目前高校的教育管理服务距离个性化服务还有不小的差距，体现在把教育对象作为普遍对象一样未加以区别对待，不尊重教育对象的独特性；未针对不同教育对象实施不同的教育管理方案，不尊重教育对象的差异性；未针对不同教育对象采取不同的教育管理评价模式，未调动教育对象的自主性；未针对不同教育对象实施不同的激励机制，未充分发挥教育对象的积极性。尊重个体的独特性和差异性，发挥学生的自主性和积极性，是大数据时代学生教育管理的应然要求。通过运用数据挖掘方法对教育原始数据进行分析处理，构建管理数据模型，对学习者的学习结果与学习内容、学习资源和教学行为等变量进行相关关系分析，一方面全过程、全方位地跟踪和掌握每一个教育者的教育发展动态，量身定制更合理的个性化教育管理策略；另一方面根据每一个个体的教育教学进程和效果反馈，提供更精细有效的个性化管理服务。

## （五）从单向到互动：教育管理对象协同化

赫尔曼·哈肯的协同理论认为，一个系统从无序向有序转化的关键并不在于平衡还是不平衡，而是它的子系统的相互协同形成一定功能的自组织结构，协同意味着行为的非个人化和互动合作。当前高校学生管理呈现一种"内卷化"趋势，即管理模式经过高等教育几十年发展后基本定型，出现自我复制、停滞不前、不能转化的状态。"内卷化"在高校学生教育管理中主要体现为学生教育管理方式的单向化、教育管理人员压力化和学生教育管理组织功能的维稳化。而事实上在哈贝马斯关于公共领域的理论看来，后现代性的来临要从"关系出发"理解本体论和认识论意义上的世界，需要关注交往行为的价值向度，充分满足主体之间的互动交往关系，实现人的主体性诉求，才能实现真正意义上的稳定。当代大学生个性张扬、渴求表达、要求参与，对于单向的教育管理权威具有本能的反叛，期待成为教育活动的互动者而不是单向接受者，在教育互动中建构存在感，渴求成为管理实践的参与者而不是冷漠的旁观者，在参与管理中体验获得感。大数据为改变单向的教育管理模式、实现互动参与的教育管理模式提供了可能。通过大数据的相关技术手段，可以达成和学生的互动交流和有效沟通，学生有机会随时随地参与学校治理；教育管理者可以做到心中有数，把简单执行调整为创新探索，变压力为动力，化维稳为维心，转单向为互动，实现教育管理的协同化发展。

## （六）从经验到数据：教育管理评价客观化

能否客观科学地进行评价是管理过程的重要环节，管理评价具有十分重要的导向功能和激励功能。在教育管理过程中，一方面通过管理评价可以进行价值导向，倡导和鼓励教育的主体和客体应该做什么，禁止和约束不应该做什么；另一方面可以进行精神激励，从外在进行需求满足，动机激发，从而推动教育主体和客体产生内在的主动教育。而在此过程中，评价的科学性与客观性至关重要，如果评价不当将带来反向的导向和负面的激励。就目前的高校教育管理评价来看，存在的主要问题有二：一是因缺乏基本的数据分析和积累，教育管理评价以教育管理者的主观经验为主，评价极具随意性；二是部分教育管理评价唯分数、唯证书等唯量化论，关于价值观、思想行为的评价因缺乏相对客观的评价标准、数据，被排除在评价之外。大数据为管理评价的科学化、客观化提供了基本的数据支持和技术支撑，把传统意义上的以经验为主转变为凭数据说话。同时因为大数据、全样本的数据挖掘方法的应用，纳入教育客体的行为数据，教育发展数据，又可以避免以分数、证书等单一量化的弊端。

## 五、大数据环境下高校教育管理信息化的路径

### （一）创新高校教育管理体制

1.高校教育管理体制需要在信息化下进行改革

管理系统包括三方面的内容：隶属关系的确立、组织结构的建立和管理权限的划分。高校教育管理系统是指对高校教育管理的组织结构和权力归属进行划分，划分的时候既要注重培养目标的特殊性，又要体现教学水平，更要能遵循教育教学规律。这隶属于大学的管理体制。传统的大学教育管理结构是金字塔型结构，是垂直自上而下模式，强调管理结构位于上层组织结构上的责任和权威。教育机构是这个方面的代表。

教育家罗泰（Lortie）就曾经表示，在学校里面，管理权集中在最顶端，权力集中分配，按等级分配。它要求改变传统的教育管理体制，创新教育管理体制。在当今信息时代，学校的环境变得更复杂、更多样，这要求学校的管理方式既要多样化，也要兼顾个性化。传统的教育管理体制不灵活，对于内外环境的变化应对不及时，过于僵化。新技术环境冲破了原有教育结构的刚性布局，僵化的条理信息传达形成了灵活多变的结构和扁平化的信息传递渠道。因此，对传统校园教育管理体制进行改革是有必要的。在改革过程中，信息技术提供了强有力的支持，为教育管理体制改革注入了新的活力，并在学校管理组织体系中应用广泛。广大师生都是网络信息技术的拥有者，他们具备参与改革的知识和能力，是教育管理体制改革的领导者。同时，信息社会的到来，对教育管理者的素养提出了更高的要求。

2. 高校教育管理组织机构的变化

我们可以从以下几项对组织的结构进行评价：①责任性，组织的每个成员都应该对组织负责；②适应性，组织要经常随时间不断变化并进行革新；③及时性，要及时完成工作，速度要快；④响应性，对组织外部环境需求，要及时响应；⑤效率，组织成员要可靠地完成任务，还要有最小的出错率，并且要考虑到资源的经济性，简单说就是又快又好。根据以上几项的要求，需要一种扁平化的教育管理组织结构，对组织结构进行改革。高校教育管理是指要取消教学机构管理组织中的大部分中间管理层，加大管理组织的扁平化，以达到减少中层管理团队的目的。在大数据环境下，教育管理组织的扁平化是有可能的，也是必要的。有以下几点原因：①对组织结构进行扁平化处理，有助于充分发挥基层管理人员的能动性，给他们以更广阔的发展空间；②大量烦琐的、需要人来完成的工作，可以由计算机或者自动化设备完成；③由于网络交互性的特性，决策层和执行层的信息传递更加方便快捷，可以取消一些中间层管理机构，使得加强管理幅度成为可能。

3. 高校教育管理权限的重新划分

高校教育管理的组织环境下大数据趋于简化，但组织关系更为复杂，这是因为缩简机构，降低管理人员的数量，导致机构之间、管理人员之间以及机构和管理人员之间的关系更为复杂。系统经过发展后，会逐渐变得更加复杂。这时，如果日常管理权继续收归中央机构，它就变得难以维系，中央机构就必须把部分管理权下放到下层。

对于高校来说，高校层面是宏观层面的管理，与教学质量有效协调与控制有着密切的关系。因此，高校应对整个学校的所有专业进行很强的管理，并施行对应方针政策，这样才能成为整个教学过程的有力保障者和支持者。管理的具体内容包括领导学校招生和分配工作，对全校教育管理的重大问题做出决策，制定学校教育管理规章制度，建立科学合理的教学质量评价体系，制订合理的培训计划，制订或修订教学计划的要求，对实习进行安排，对公共选修课和文化素质课进行安排，对学生进行管理，加强教学科研所需的信息系统以及教学基础设施的建立。当然，在这些管理活动中，教师和学生的意见不容忽视。学校管理系统的职能首先是宏观管理，其次是为教学工作提供方便，最后是决策。我们应该注意到，这些管理活动在不同部门的分工不同，赋予各部门的权限也不同，怎么分工，如何赋权，值得探讨。学校（系）级各部门层面有自己比较完整的教学管理组织结构，如有多个部门和相应的教学秘书处，对学生的工作负有特殊的责任，还有分配学校教育经费的权力、制订各学科的教学计划，负责部门课程安排、教师安排的权力；进行更加详细的专业教学活动规划，如组织教学研究活动、教学质量评价、各种考试、实验设计和实践安排；负责学院和学校的学生奖惩等处理以及院（系）、学校教学之间的协调问题等。在这一系列活动中，师生参与决策。

传统的教育管理权主要归校长和负责教学工作的副校长所有，教学活动在教学部门的领导下开展，教师听从院长的安排，按照同一教学纲领对学生进行知识的传授。然后教师布置要学习的各种知识，学生学会如何学习，至于要学什么，在教育管理中，谁也没有发言权。也就是说，教育管理的权威掌握在学校的领导手中，教师和学生手上基本上没有这方面的权力。为了能够让教学活动变得既有效又有趣，应该将更多的权力和更多的自由给予教师和学生。首先，让教师和学生对涉及教学层面的重大决策和决议都有评价权、提案权甚至决策权，而且这些权力应该设立具体的规章制度，进行保障。其次，对于教师，他们可以选择教学对象、研究项目，并得出自己的结论；对于学生，在正确的方法指导的学习前提下，具有选择选修课程的自由、选择相关的专业的自由、选择教师的自由和选择学习内容的自由，并且能够形成自己的自由思想，参与教育管理评价。

## （二）改革和完善高校教育管理

### 1. 引入先进的管理思想

只有在先进管理理念的指导下，教育管理才能发展起来。在信息化时代下，高校教育管理者除了要具备教育管理能力外，还应具备先进的管理思想：

第一，主动适应的思想。主动适应思想是指教育管理工作应主动适应社会发展需要的人才培养，随时随地捕捉信息社会对人才的需求，及时调整教育管理思路，顺应时代的潮流。主动适应性思维将成为高校教育管理的指导思想，教育管理的主动适应性思维是强调适度分权，针对内部要素和外部环境的变化采用灵活的态度来应对。

第二，以人为本的理念。学校管理的中心工作是教育教学管理。以人为本的管理理念，首先体现在管理过程中强调人的主体地位，使得教师和学生在工作和学习的过程中，参与管理活动的同时，也能提高能力、丰富知识等。教师和学生的创新使巨大的潜力得以发挥。因为学生是学习的主体，教师是教学的主体，他们的创造性、积极性的潜力，对于提高教育管理的质量起着举足轻重的作用。因此，在管理过程中要以充分发挥和调动教师和学生的创造性和主观能动性为根本，在所有的管理活动中要注意到各个方面，这样才能提高教学质量。

第三，全面质量管理思想。从根源上说，全面质量管理的思想可以追溯到美国各公司的管理思想。全面质量管理（total quality management），按国际化组织（ISO）的定义是指，一个组织以质量为中心，以全员参与为基础，目的在于通过让顾客满意和本组织所有成员及社会受益而达到长期成功的途径。在高等院校的教育管理中实行全面质量管理，主要包括以下几方面：（1）全过程的质量管理。要保证以教育目标为中心，有序地开展教育教学活动，就要管理各个教育教学环节的质量，并对各环节的"接口"进行管理，并抓住教学教育过程的各个环节，确定各个环节达到预先设定的质量标准。（2）全方位的质量管理。要进行综合性的管理，只要是影响或涉及教学质量的环节和因素就要考虑。比如，对后勤服务部门、管理部门自身等部门的工作质量进行管理，它们的工作都会影响教学质量和教学工作，这是我国高校的实际情况。（3）全员的质量管理。学校的各个部门、每一位成员（包括全体教师和学生）都应该积极主动地参与质量管理，努力提高自己的工作质量，以培养高素质的专门人才。

2. 利用信息化手段改革教学计划的管理方式

要深化教学改革，第一步要做的是改革教学计划，只有好的教学计划才能保证好的教学质量。制订好教学计划，是建立教学体系、安排教学任务、组织教学过程的基础。教学计划一般是在国家相应教育部门的指导下，考虑全局效益，由教育学家或相关人员独立制订的。教学计划在一定时期内可以符合教学规律，一段时间内稳定不变，但从长远的角度来看，也要不断及时调整和修正，使之能够适应社会的新发展以及经济和科学技术的进步。

教育管理者还要改变传统的教学观念，及时修改和调整教学计划。原因有以下几点：一是从社会对人才的要求来看，是因为当今科学技术和社会经济人才发展的要求越来越接近，要综合社会对人才的要求来制订教学计划；二是从人才的成长来看，大学也只是学习的一个阶段，是终身学习的重要组成部分，而不是学习的终点，所以在大学阶段，既要学好专业知识，更要学会学习，还要学会生存，学会共同生活，学会做事，也要注意创新能力和创造能力的培养；三是从整个世界来看，经济全球化的趋势发展迅猛，中国的人才要走向世界，在全球进行竞争，中国教育也要注意国际化人才的培养。

信息化时代要求我们紧跟时代潮流，准确预测社会对人才要求的改变，培养符合国家要求的人才。要达到这一目标，我们应该充分利用信息技术，制订教学计划，并对其实时监控和及时反馈，制定对教学方案的评价标准，使高校毕业生尽量满足社会的要求。

3. 大数据环境下高校教学计划的制订

第一，教学计划应该满足以下几点要求：

（1）客观性。要尽量按社会主义市场经济的要求，设计多种人才培养模式，也要尽可能多地考虑到未来环境的变化，设计多种智能结构。

（2）灵活性。学生要找到适合自己发展潜力的模式，学校要尽可能提供不同种类的多种模式。具体方法可以参考以下建议：学分制方面，可以采用完全学分制。随着信息技术的不断发展，远程高等教育也得到了长足发展，任何科目、任何内容，学生都可以借助网络进行学习，不限于时间和空间；安排教学时，信息技术应该被充分利用，学生有一个充分选择的空间，也要针对不同学生的不同特点设计符合其个性的教学过程；应该将学生培养成这样的人才——整体素质高，基础知识扎实，专业能力良好，注重知识的全面发展，能借助网络拓宽自己的知识面，具有终身学习的能力。但是，必须承认大学生的各种类型的要求不可能有一个统一的标准，我们要鼓励自由发展。

第二，制订教学计划的一般程序。进行更广泛的社会调查，根据经济和信息技术中使用的人才技术发展的需求，对培养目标和业务类示范专业做分析；了解有关文件精神和相关政策；（所）主持制定教学纲领，系（院）教学委员会进行审议，由学校教学工作委员会复审核查，核查签字后由执行校长签字确认。

第三，大学教学计划的内容，主要包括以下两方面：确立合理的专业培养目标，设置合适的课程。因为专业培养目标的质量标准、课程的设置与人才的发展息息相关。此处主要研究培养目标的确立与课程的设置。在专业设置和专业培训目标的确立上，主要应用了调查的方法。调查的基本步骤包括：①凭借履历或理论分析提出若干备用的选项；②发放调查问卷，让被调查者在备用的选项中选择自己的意见或建议；③对调查结果进行统计分析，按照被选择次数的多少对各个选项进行由多到少排队；④制定一定的规则，看看哪个选项应该占的比重较大。在整个过程中，要充分利用信息技术，借助网络收集信息，收集完后可以借助计算机对调查信息进行统计分析，得出结果。同时还应注意以下几方面：一是要进行可靠的预测，对毕业生的就业情况有一定把握，毕业生只有满足社会的要求，高校才能有较高的就业率；二是引入更多的优秀教师，购置必要的实验仪器和书籍，生活设施也应该尽量完善；三是要尽可能形成宽口径专业教育模式，目前的情况是教学信息越来越容易获取，学习知识也变得更加容易，但是要进行知识的重组和创新变得比较困难，所以我们要重点训练学生的综合素质；四是要有学校自身的特点，学科建设要结合学校的地域优势和传统优势学科；五是考虑到专业的冷热门问题，并及时调整，满足需求。

信息时代下，高校要实施教育教学管理可采取以下策略。首先要严格地执行教学计划。遵循以下两条准则：一是按照学校工作安排，将教学计划分为学期教学计划和年度教学计划，制定工作表，安排好每个学期的教学任务、教学教室等；二是由相关部门制订教学组织计划，如社会实践计划、实习计划、实验教学计划、培训计划等。要制定适当的政策创建适宜的环境，有完善的教学基础设施，还要教师、学生相配合，以上分别是教学计划顺利实施的内外部条件。在这个过程中要把握五方面：一是要切实维护教学计划的严肃性和权威性，严格遵守教学计划，可以进行适当调整；二是在具体的实施过程中，严格选择计划材料，遵照教学大纲的要求；三是加强教师群体的力量，确保教学第一线与教学计划一致；四是制订教学质量评价方案并严格监测执行，可以借助信息技术建立自动的监测和反馈系统；五是教学组织与管理要严格按照教学计划进行。

4.改革学生的培养方式与管理模式

信息时代要求人才具有更高的素质，改革人才的教育方式和管理模式是必要的。信息技术为这项改革提供了条件，大数据环境下改革学生的培养方式主要体现在以下三方面：

一是在教学中促进"参与式"（也称合作教学或合作学习）的教学方法。这种教学方法以提问式教学、开放性内容为特征，问题无标准答案，作业、论文也很少甚至没有，能带给学生自由思考的充足时间和空间。利用网络技术和计算机技术收集相关信息来解答问题，通过对问题的解答过程来完成学习的过程。在这个过程中，学生不仅掌握了借助网络解答各种问题的能力，而且最后学会了与问题有关的知识。同时，针对不同的学生，构建、推广"基础—综合—研究"三层次的学习和培训，因材施教，针对学生自身的特点确立合适的培养目标，设计并制订严格的学生学习计划，尽可能让每一个人都能得到很好的发展。

二是努力培养学生的社会实践能力，加强实践教学。很多情况下实践和实验资源的不足会影响实践教学的水平。在资源不足的情况下，我们可以利用计算机和网络编制软件，这个软件具有虚拟实验室的功能，学生可以模拟操作。如利用计算机软件在虚拟实验室中解剖青蛙（数码青蛙）等。虚拟实验室的优点是成本低，而且实验失败时方便重来，学生可以反复练习，直到熟练掌握；也可以模拟实验现场肉眼不可见或实验过程非常危险或实验环境确实难以建立的情况，来尽量满足实验的要求。

三是鼓励学生跨学科学习，培养全面型人才。当今社会，随着信息技术的发展，新的学科不断涌现，这些学科大部分是由学科交叉形成的。建立交叉学科培养机制，培养学生跨学科学习。在基础学科和谐的高校中，打破不同专业教育壁垒，要创建跨学科教学的培养机制，可以借鉴国外成功的跨学科教学的经验。具体实现过程如下：以培养计划为基础，为学生选定必修课程，这些课程是跨学科的，包括文学、理学、工学等多个领域，以此来培养学生的综合分析能力，激发学生的创新能力；要提供多种专业、多类课程、多个教师供学生选择，这样学生就能根据个人兴趣制定自己的培养目标，进行自主学习；让学生跨部门、跨专业、跨班。高校应完善相关课程，抓住交叉的学科的新增长点，组织多学科的力量开展教学，配备必要的教师，形成跨学科的教学模式，培养学生的创新意识，引导学生勇于探索新的领域，全面发展自己。

在学生培养模式改革的基础上，对学生的管理方式也发生了很大变化。目前，大多数高校实行学分制，这是在计划经济时代就形成的管理模式，灵活性不够，刚性太强，共同约束力也太多。在当今大数据环境下，我们更加提倡注重学生个性化的管理模式。教师管理系统以学生为中心，学生为主导，教师为辅助，建立学生服务中心。具体操作有：一是建立心理咨询、急救救援、工作研究、学习指导机制，建立相应的社区管理部门；二是以学生宿舍为基础，取消班级，由8~15名学生与教师形成一个整体；三是由研究生或高年级优秀学生协助管理学生，为学生提供指导。这种管理模式可以实现学生的自我教育、自我管理、自我服务，有利于培养学生的综合能力，帮助学生积极发展。

# 第二节 有效利用网络

互联网已成为高校学生管理工作中不可或缺的一部分，它在给高校学生管理工作带来机遇的同时也带来了挑战。如何充分发挥其独特优势，消除具体工作实践中的局限性，创新管理模式，将是新时代下高校学生管理工作取得成功的关键。

# 一、什么是网络化平台

"网络化平台"指的是在对计算机网络进行应用的前提下，处理各方面的工作。

本节研究的主要是处理学校中的一些事项，主要包括硬件和软件两种设施。在各个区域网的基础之上将所有的支持服务系统提供出来，通过系统将工作内容的开发工具提供出来，可以导入多种类型的文件，将连接和有机整合的功能提供出来，对各项工作进行全面、系统的管理。可以说，网络在很多领域内都能作为一种管理的工具，可以快速地添加、赋予和删除不同的权限，并且是一种高效的交流工具，对各种功能都能够很好地予以满足。

# 二、网络时代高校学生管理工作特点

## （一）管理层次多元化

各个高校在发展过程中所使用的传统管理模式主要以"自上而下""单项管理"为基础进行，而这种管理模式的范围局限于管理者与学生之间，导致管理工作质量与效率提不上去。在这个网络社会中，学生的生活方式、学习模式等都得到了全方位的改善，并为学生的生活空间增添了全新的虚拟网络空间，这在一定程度上导致高校所开展的学生管理工作朝着多元化的方向发展下去，管理者不仅要关注学生的校园生活，同时还应该加强对校园生活的管理，为学生营造一个健康、积极向上的网络生活和学习环境。

## （二）管理手段多样化

高校学生传统管理手段较为单一，所开展的管理工作也呈现出模块化的管理现象，不能对学生进行有针对性的管理，导致管理工作质量与效率提不上去。在当前的网络时代中，学生管理者可以建立网络管理平台，通过科学、合理的手段加强对学生的管理，了解学生生活、学习状态，找出其中存在的不足，并及时为其制定有效的解决对策。另外，管理者在管理期间还应该充分利用学生与网络之间的关系，根据学生的性格、特长、爱好等制订出对应的网络教育方案，加强对学生的教育管理。

## （三）管理复杂化

现阶段，我国各个高校在发展过程中都建立了属于自己的校园网络，但是现有的网络环境对于学生管理工作来说增添了管理难度，使得学生管理全过程更加复杂。高校要想提高学生管理工作的质量与效率就应该深入到校园的网络空间中去，了解学生生活、学习状况，并以此为基础为学生制定出科学、合理的模式，并对学生进行有针对性的管理。另外，在这个虚拟网络环境中，学生的感情思想也正朝着虚拟化的方向发展，要想从根本上解决这一问题，就应该将对学生的现实管理与网络管理体系进行有效的结合，对学生进行有针对的管理，提升学生管理工作的质量与效率。

## 三、学生管理网络信息化平台建设的必要性

## （一）提高工作效率与管理水平

高等院校是一个国家教育的主体，关系到国家的经济与社会发展。高校

的最终目标是为国家输送高质量的合格人才，为国家的发展建设服务。对高校学生的培养不仅在于各种专业知识的传递及操作技能的提高，还在于大学生身心的健康发展以及综合素质的提升。作为学生心灵导师和日常事务管理者的辅导员教师在学生培养中的作用越来越明显。而越来越多的日常事务需要应用信息技术、网络技术。

高校的学生教育管理是高校的核心工作和基本任务之一，也是高校学生工作得以开展的基础。应用信息技术、网络技术实现高校学生管理信息化、网络化管理是搞好学生管理工作的一个有效手段。利用综合管理信息系统对各类信息进行自动处理，把处理结果置于互联网上，全校师生可根据自己的权限进行查询和处理等相关操作，能快速准确地传输信息、更新信息，使学校职能部门和各院（系）之间、管理工作者与学生之间数据保持实时一致，从而大大提高工作效率，使学生管理工作队伍从重复而繁杂的事务性工作中解脱出来，真正把学生管理工作落实到"育人"这一核心任务上来。同时工作效率的提高便于克服重心错位，即各部门忙于应付具体事物性的工作，而无暇对整个学生工作进行协调与把握等的不足，有利于工作环环相扣、层层递进，以提高高校各管理部门的管理水平，使整个工作群体形成团队意识、协作精神。

## （二）优化学生工作事务管理流程

高校学生工作包含大量的事务性工作内容，如国家助学金、助学贷款、勤工助学、临时困难补助、评优评先等。这些事务性工作在传统工作流程中一般通过学校学工部或其他职能部门向院（系）布置，由院系向学生传达后再进行反馈。该工作流程呈现一种线性形态。而信息化管理平台就是要优化这种流程，使学校有关职能部门、院（系）、学生三者之间通过管理平台实现交互，实现发布信息、接收、反馈的便利、快捷，有关单位（部门）和个人按照相应职能完成工作流程中的事务，而且，在网站模式下这种流程管理超越了时间和空间的限制，赋予了各主体最大的自主权和灵活性。针对当前我国高校多校区办学的特点，信息化技术在学生管理和各职能部门的协调上的应用将具有更现实的意义。

## 四、网络对高校学生管理工作的影响

随着信息技术的发展，互联网作为一种新媒介已成为大学生工作、学习与生活不可缺少的一部分，在高校已经很难找到从不上网的学生，网络行为越来越成为大学生的一种生活习惯。而作为网络的主要使用者，大学生的意识形态及行为方式也深受网络的影响，他们逐渐倾向于在网上发表自己的各种看法、愿望和意见等，并开始通过网络行为来表达对与自己息息相关的学生管理工作的关注和诉求。在实践中，网络技术也不断地被运用到高校学生管理工作中，这给我们的工作带来了机遇，但也伴随着挑战。一方面，网络技术的应用使学生管理工作变得更高效、便利且人性化；但另一方面，由于网络自身虚拟化等特征，也使我们的教育管理环境变得更复杂，这对高校学生管理人员提出了新的要求。如何运用好网络这把"双刃剑"，充分发挥其独特优势为育人管理服务，将是高校学生管理工作能否取得新突破的关键。

## 五、利用网络平台强化对学生的管理

在对学生进行管理的过程中，网络平台的构建对于强化学生的管理工作起到了巨大的推动作用，主要应用在以下层面：

### （一）强化了学生思想管理工作

思想能够影响一个人的行为，尤其是对于学生来说，他们的思想还存在着一些不成熟的方面。学校利用网络平台，可以将社会上最新的消息传递给学生，使学生第一时间接受最为先进的思想引导。此外，学生因为在学习过程中会经常遇到这样或那样的困难，思想波动的情况时常发生，这样教育人员利用网络将学生反映出来的情况及时地进行汇总，将合理的方案制订出来，可实时关注学生的思想变化情况。

### （二）强化了学生心理健康教育

不管是哪一阶段的学生，都容易出现心理上的波动，这对学生的身心健康的发展都会带来严重的负面影响。加之网络技术的出现，虽然开阔了学生的视野，但是由于很多学生迷恋网络，而迷失了方向，心理上也蒙上了一层黑雾一时难以散去。面对这样的情况，学校利用网络平台对学生的这种不健康的心理可以进行正确的引导，用健康的网络信息来代替那些不良的网络信息，通过网络信息对学生的心理特点和思想脉搏进行有效的掌握。

### （三）强化了对学生学习上的管理

学习是学生的本职。随着教育改革的不断深入，传统的教学方式已经很难适应社会的发展，需要及时创新变革，以满足教学管理需求，学校的网络平台在其中发挥了极大的作用。运用网络平台，可以为学生提供更为活跃的课堂氛围。利用网络平台将学生的个人信息和学习情况输入到网上，这样，教育者可以及时掌握学生的学习情况。如果学生某个知识点没有理解可以通过网络及时向教师寻求帮助，教师会第一时间为学生们进行解答。从某种程度上讲，网络平台的搭建为教师管理学生的学习与学生及时地寻求教师帮助之间架起了一座桥梁。

### （四）增强学生的凝聚力

在现阶段的一些班级当中，很多学生都是独生子女，他们以自我为中心的理念非常强烈，缺乏团结友爱的精神，在面对这样的学生时，班级管理者显得有些力不从心，管理起来会非常吃力。如此一来班级就会如同一盘散沙，对学生各个方面的发展都会造成严重的影响。随着网络平台在学校中的应用，教师可以通过学生的网络信息及时了解他们的真实情况，对于出现的问题，可以有针对性地进行解决。并且，教师可以利用网络平台组织团体性的活动，使学生能够经常团结在一起，不断地通过网络上的集体活动增进同学之间的友谊，这样，学生的凝聚力就会慢慢地被培养起来。

## 六、网络时代下高校学生管理工作的新举措

### （一）利用校园网络，加强对大学生的心理健康教育

目前，绝大多数高校相继建起了校园网，我们可以充分利用这一有效资源，加强学生的心理健康教育和心理咨询工作。利用网络，我们可以建立心理健康网站，开设一些诸如"心理测验""健心房""心理健康的标准""正

确看待心理咨询"等知识的小栏目，帮助学生了解什么是心理健康及其重要性，懂得出现哪些情况需要进行心理咨询。更重要的是，利用网络，可开辟网上心理咨询专栏。网上心理咨询避免了"上门"进行面对面咨询的难堪或害羞，其保密性、隐蔽性强，为学生自由地不受地域限制地接受心理咨询提供了方便。同时，网上咨询图文并茂，生动活泼，气氛轻松，交谈的双方不需要直接见面，学生不必担心暴露身份，可以坦诚地倾吐心声，更便于经验丰富的心理教师进行对症心理辅导，起到事半功倍的效果。

## （二）增强学生网络法制意识，加大网络文明建设力度

在20世纪末互联网进入高校时，我国关于网络的相关法律法规并不完善，高校对大学生网络法制意识与网络文明的宣传教育力度不足，加上对大学生的网络行为缺乏正确、有效的引导，导致大学生普遍的网络法制与网络文明意识不强，从而造成大学生网络行为规范的缺失。高校作为大学生网络法制与文明建设的主要场所，并未有效占领网络法制文明系统建设的前沿阵地，未能形成良好的校园网络文化氛围。

针对这一现象，首先，国家已根据网络发展的新情况和新问题，及时制定和出台了一系列能适应网络环境快速发展的新法律法规，不断提高打击网络犯罪与网络不文明行为的能力。高校学生管理人员要加大对学生开展网络普法教育、网络安全教育和文明上网教育的力度，积极引导学生以遵纪守法为荣，对有关网络法律问题进行主动思考，如利用社会上的一些典型案例教育学生触犯网络法律所应承担的法律责任，以示警醒；同时，可在学校相关网站或BBS社区上开辟寓教于乐的法制教育网页，设立在线互动答疑等栏目，发动学生积极参与对网络违法现象与不文明行为的深入探讨，在潜移默化中

提升大学生的网络法制与网络文明意识。其次，必须坚持他律与自律有机结合，倡导在学生群体中形成互相监督、文明合法地使用网络的氛围。杜绝学生对网络违法与不文明行为的互相包庇与谅解，使学生分散的网络文明行为凝聚成有组织的共建网络文明的行动。在这一过程中，应充分发挥学生中党员的模范带头作用，培养一支政治立场坚定、作风正派、网络技术过硬的党员队伍充当网络文明使者，利用他们来自学生当中便于与学生沟通、易于被学生接受认可的优势，引导好大学生的主流价值观，使他们肩负起宣传网络法律法规、倡导网络文明的重任。

## （三）建立一支具有网络时代意识与过硬网络技能的学工队伍

高校学生管理面临的环境发生了变化，网络信息技术的快速发展对传统的高校学生管理理念与方式提出了新的要求，这是新时期高校学生管理工作必须正视的现实环境。学生管理人员要想有足够的能力应对在新的教育管理环境中出现的新问题，必须强化自身的信息素质，提高现代网络技术应用的能力，才能充分利用网络资源优势，拓宽高校学生管理工作的空间，增强学生管理工作的针对性和实效性。

作为高校学生管理者，要抢占网络高地，建立属于自己的网络构架。注意网络社团、BBS社区、微博、QQ、微信等网络媒介在工作中的运用，努力实现班级管理网络化，提高工作效率，使大学生表达的意见有机会更直接地接近管理中心，从而改变以往信息不畅，具体管理工作、措施与现实脱节的被动局面，增强学生管理工作的针对性和科学性。

此外，在传统教育理念的影响下，学生对教师都既敬又畏，在教师面前难以敞开心扉，难以真实地表达自己的所思所想，这样的情况导致管理者对学生的思想难掌握、问题难发现，久而久之师生关系也由此而渐行渐远。而网络隐秘性与虚拟性的特征使网络交流少了现实中面对面交流的尴尬和顾忌，现在大部分学生都热衷于通过网络平台来表达自我，很多时候都会把自身的心情、心态或者对事件的观点即时通过网络来宣泄。多关注学生在网络上发表的信息，可以及时掌握学生的思想动态，从而"对症下药"，将一些不良的思想遏制于萌芽状态。相对于以往传统、低效的育人管理环境，当前高校教管工作成败的关键，在于管理人员是否能够在第一时间准确地获取高质量的信息，只有在知己知彼的情况下才能做出正确有效的决策。

## (四) 充分利用网络资源，加强对学生的服务工作

在现阶段的实践中，网络技术与资源在高校学生管理工作中的应用还处于初始阶段，很多方面还没有落到实处。要切实在网络上开展学生管理工作，必须坚持管理与服务相结合的原则。一方面要加大校园网络的信息量，在校园网络平台上，除了能查询到学校的各种方针政策、规章制度和通知等常规信息外，还应包含各种大学生常用的学术、生活社交网络资源，努力把校园网络建设成为一个便于大学生学习、生活的综合性平台。另一方面，多拓展针对学生的网上服务空间，如开展网上心理咨询、网上就业信息咨询、勤工俭学信息、网上社团活动等，努力利用网络自身具备的优势特征来消除某些管理工作或服务在现实操作中的局限性，开创高校学生工作的新局面。如大部分心理有问题的学生都不太善于交流和沟通，而网络可以为了解学生心理动态和进行心理咨询提供一个全新的平台。通过网上心理咨询服务，可以消除面对面的尴尬，避免现实交流带来的障碍，可以慢慢地深入问题学生的内

心，使其敞开心扉，从而使教育管理者可以准确地引导学生的行为，为更顺利地开展学生心理工作提供良好条件。

## （五）注重"网上管理"与"网下管理"的结合

作为一个高校学生管理工作人员，无论信息技术发展如何迅猛，网络技术与高校学生管理工作结合得如何紧密，我们必须明确：学生管理工作不是在做"虚拟世界"的工作，而是在做"虚拟世界"背后的学生主体的工作。利用网络平台开展高校学生管理工作要做到"网上管理"和"网下管理"相结合，做到以情感人，以理服人。同时，加强校园现实的软件和硬件建设，增强现实空间对学生的吸引力。很多同学沉迷于网络的虚拟空间，主要也是由于在现实世界中他们的很多想法和诉求都得不到满足，只能在虚拟世界里寻求慰藉。为避免这一局面，学校要多开展受学生欢迎、易于学生接受的校园文体活动，尽可能使所有学生的心理诉求能在现实中得以满足，让他们有平台与机会能各尽其能，从而增强现实校园对学生的吸引力，增强学生的幸福体验。

综上所述，随着信息时代的到来，在人们生活和学习的各个领域当中都能看到互联网的影子。互联网在各个层面和领域当中都有所渗透。互联网用其多种功能不断地丰富着人们的生活和阅历，将各种思想和信息有效地进行传播，因此必将在学生的教育和管理工作中发挥着不可代替的作用。现阶段的很多学校，基于学生不断增长的网络需求以及互联网极强的功能，在学校中建立起很多供师生学习与生活使用的网络平台，而这些网络平台在以上提及的两项工作中发挥了不可代替的作用，使工作的效率逐渐被提升上来。

# 参考文献

[1] 安世遨 . 对话管理大学生管理新范式 [M]. 重庆：重庆大学出版社，2010.

[2] 蔡熙文 . 高校学生管理与实践创新研究 [M]. 北京：北京工业大学出版社，2020.

[3] 邓军彪 . 地方高校大学生管理工作的创新与实践研究 [M]. 汕头：汕头大学出版社有限公司，2021.

[4] 奉中华，张巍，仲心 . 大学生教育管理的创新与实践研究 [M]. 长春：吉林人民出版社，2021.

[5] 傅真放，邓军，吴佩杰，等 . 高等学校学生管理 [M]. 南宁：广西人民出版社，2007.

[6] 黎海楠，余封亮 . 高校学生管理与和谐校园 [M]. 长春：吉林出版集团股份有限公司，2019.

[7] 李玲 . 高校学生管理工作创新研究 [M]. 长春：吉林人民出版社，2020.

[8] 李宁 . 大学生心理健康与自我管理研究 [M]. 秦皇岛：燕山大学出版社，2019.

[9] 刘青春 . 信息时代高校学生管理模式的转变及创新 [M]. 沈阳：辽宁

大学出版社，2021.

[10] 刘长海. 教育性学生管理研究 [M]. 武汉：华中科学技术大学出版社，2022.

[11] 莫春梅. 服务与发展理念下的高校学生管理研究 [M]. 北京：中国原子能出版社，2019.

[12] 屈善孝，梅子健. 高校学生管理法治化研究 [M]. 北京：经济日报出版社，2010.

[13] 沈佳，许晓静. 基于多视角下的高校学生管理工作探究 [M]. 北京：现代出版社有限公司，2022.

[14] 万敏，罗先凤，王利梅，等. 新时代大学生管理能力培养与提升 [M]. 长春：吉林大学出版社有限责任公司，2021.

[15] 王炳堃. 高校大学生管理教育与校园文化建设 [M]. 长春：吉林出版集团股份有限公司，2021.

[16] 王凯. 和谐校园建设下高职院校学生管理研究 [M]. 长春：吉林出版集团股份有限公司，2020.

[17] 王晓晴. 高等职业院校学生管理过程控制模式与实践 [M]. 昆明：云南人民出版社，2014.

[18] 杨大鹏，马亚格，罗茗. 高校学生工作管理创新研究 [M]. 北京：北京理工大学出版社，2019.

[19] 杨金辉. 校园文化建设和学生管理工作的互动机制 [M]. 北京：原子能出版社，2020.

[20] 杨锐. 新时代高校学生事务管理理论与实践 [M]. 长春：吉林人民

出版社，2021.

[21] 杨潇. 高校学生管理工作与法治化研究 [M]. 北京：北京工业大学出版社，2021.

[22] 姚孟春. 高等院校学生管理工作研究 [M]. 昆明：云南科学技术出版社，2005.

[23] 钟贞山. 权益诉求视域中的大学生管理法治化研究 [M]. 南昌：江西人民出版社，2017.

[24] 邹礼均. 大学生安全教育与管理 [M]. 重庆：重庆大学出版社，2018.